● 国际学生通识教育系列教材

中国成语故事今读

● 郭婷 编

·广州·

图书在版编目（CIP）数据

中国成语故事今读/郭婷编. —广州：华南理工大学出版社，2020.1
（国际学生通识教育系列教材）
ISBN 978-7-5623-6102-2

Ⅰ.①中…　Ⅱ.①郭…　Ⅲ.①汉语-成语-对外汉语教学-教材　Ⅳ.①H195.4

中国版本图书馆 CIP 数据核字（2019）第185591号

Zhongguo Chengyu Gushi Jindu
中国成语故事今读
郭　婷　编

出 版 人：	卢家明
出版发行：	华南理工大学出版社
	（广州五山华南理工大学17号楼，邮编510640）
	http://www.scutpress.com.cn　E-mail：scutc13@scut.edu.cn
	营销部电话：020-87113487　87111048（传真）
策划编辑：	吴翠微
责任编辑：	陈　蓉
印 刷 者：	虎彩印艺股份有限公司
开　　本：	787mm×960mm　1/16　印张：11.5　字数：272千
版　　次：	2020年1月第1版　2020年1月第1次印刷
定　　价：	45.00元

版权所有　盗版必究　　印装差错　负责调换

前 言

　　社会主义核心价值观与中国优秀传统文化道德精髓深度契合，弘扬社会主义核心价值观必须立足于中华优秀传统文化，中国成语故事是汉语中的璀璨明珠，更是中华民族传统文化瑰宝。

　　本书是一本针对汉语水平在中级或中级以上（大致相当于HSK四级以上）国际学生的文化通识课程教材。本教材以社会主义核心价值观为纲，共设十二篇，分别为富强篇、民主篇、文明篇、和谐篇、自由篇、平等篇、公正篇、法治篇、爱国篇、敬业篇、诚信篇、友善篇，每篇包括两个经典的中国成语故事以及一些与成语相关的知识和中国文化常识。本教材的编写理念是"寓文化教育于语言教学"，即以语言知识为基础，成语故事为线索，社会主义核心价值观为核心，将文化教育结合到语言教学中。

　　本教材共十二篇，均由以下几个部分构成：

　　（一）课文：包括两个代表社会主义核心价值观的典型的成语故事，课后附有生词和专有名词，以及对应的英语释义。

　　（二）成语今用：即课文所选用的成语在现代汉语中应用的例子。

　　（三）练习：包括"答一答"与"查一查"。"答一答"考查学生学习课文后对内容的理解与把握；"查一查"培养学生扩充成语词汇的学习能力。

　　（四）补充知识：补充与所学课文相关的文化常识，并介绍与课文成语故事出处相同的成语。

　　（五）成语常识：主要介绍什么是成语、成语的数量、成语的来源等与成语相关的知识。

　　本教材不仅能帮助国际学生理解成语的词汇意义及语用意义，

扩充国际学生的成语知识，增加成语积累，让国际学生的汉语成语课堂更生动活泼，提高国际学生学习成语的兴趣与热情，并有助于国际学生更加了解中国传统文化价值观，提高国际学生的汉语表达能力与跨文化交际能力，进而更好地适应在中国的留学生活。

《中国成语故事今读》作为华南理工大学汉语国际教育本科专业通识教育课程教材，与专业的其他来华国际学生通识教育课程类教材一起，形成关于中国文化的系列教材，构建较为完整的中国文化课程体系，丰富和完善了汉语国际教育本科专业课程及教材配置。

在本教材的编写过程中，华南理工大学国际教育学院刘程教授给出了诸多宝贵意见，在此谨致谢忱！

教材如有不当之处，欢迎各位专家、同行及广大读者批评指正！

郭　婷

2019 年 10 月

目　录

第一篇　富强篇 ·· 1
 课文一　安居乐业 ··· 2
 课文二　道不拾遗 ··· 6
 成语常识（一）·· 11

第二篇　民主篇 ·· 13
 课文一　兼听则明，偏信则暗 ·· 14
 课文二　载舟覆舟 ·· 18
 成语常识（二）·· 22

第三篇　文明篇 ·· 24
 课文一　负荆请罪 ·· 25
 课文二　不贪为宝 ·· 30
 成语常识（三）·· 35

第四篇　和谐篇 ·· 38
 课文一　同舟共济 ·· 39
 课文二　同心同德 ·· 44
 成语常识（四）·· 49

第五篇　自由篇 ·· 51
 课文一　百家争鸣 ·· 52
 课文二　优哉游哉 ·· 58
 成语常识（五）·· 62

第六篇　平等篇 ·· 65
 课文一　相敬如宾 ·· 66
 课文二　分庭抗礼 ·· 71
 成语常识（六）·· 76

第七篇　公正篇 ·· 78
 课文一　大公无私 ·· 79

课文二　克己奉公 …………………………………… 83
　　成语常识（七） …………………………………… 87

第八篇　法治篇 …………………………………… 90
　　课文一　约法三章 …………………………………… 91
　　课文二　赏罚分明 …………………………………… 96
　　成语常识（八） …………………………………… 100

第九篇　爱国篇 …………………………………… 102
　　课文一　闻鸡起舞 …………………………………… 103
　　课文二　精忠报国 …………………………………… 108
　　成语常识（九） …………………………………… 113

第十篇　敬业篇 …………………………………… 114
　　课文一　愚公移山 …………………………………… 115
　　课文二　鞠躬尽瘁 …………………………………… 120
　　成语常识（十） …………………………………… 125

第十一篇　诚信篇 …………………………………… 127
　　课文一　一诺千金 …………………………………… 128
　　课文二　取信于民 …………………………………… 132
　　成语常识（十一） …………………………………… 135

第十二篇　友善篇 …………………………………… 136
　　课文一　情同手足 …………………………………… 137
　　课文二　四海之内皆兄弟 …………………………………… 142
　　成语常识（十二） …………………………………… 146

参考答案及译文 …………………………………… 149
附录　生词表 …………………………………… 168

第一篇　富强篇

名人名言

各出所学，各尽所知，使国家富强不受外侮，足以自立于地球之上。

——詹天佑

民智者，富强之源也。

——严复

非力车农无以富邦也。

——桓宽

学习目标 >>

1. 了解成语故事"安居乐业""道不拾遗"，并能够在生活中正确地使用这两个成语。
2. 理解"安居乐业""道不拾遗"这两则成语故事背后所体现的富强观。
3. 对成语的概念有基本的认识。
4. 了解老子与《道德经》；了解《战国策》。

课文一

安居乐业

春秋时期（公元前770—公元前476），有一位著名的哲学家和思想家——李耳，后来人们都叫他老子。关于老子的名字，据说有很多有意思的故事。有的说因为他是在一棵李树下出生的，所以姓李；因为他耳朵长得特别大，所以名耳；他刚出生的时候，脸上就长着白胡子与白眉毛，所以人们都叫他老子。当然，这些都只是大家口耳相传的故事。事实上，老子是人们对他的尊称。

老子对当时的现实非常不满，所以他希望人们都在理想的社会生活。在老子的心里，理想的社会是这样的：君主要爱护自己的老百姓，让老百姓重视自己的生命，不要让他们用生命去冒险。即使有很多车辆和船只，也没有人去乘坐它们，因为没有人需要逃难，所以人们不用离开家乡，向远处迁移；即使有兵器，也没有地方使用它们，因为没人需要用它们去打仗。君主要让老百姓吃得香，穿得暖，住得舒适，快乐地按照自己的风俗习惯生活。即使邻近的国家互相看得见，鸡鸣狗叫互相听得见，但是人们直到老死，也不会发生战争与矛盾。

《道德经》里是这样写的："甘其食，美其服，安其居，乐其俗。"① 后来，人们用"安居乐业"形容安定地生活，愉快地工作。

（故事来源：老子《道德经》）

生词 New Words

1. 安居乐业	ānjū-lèyè			to live and work in peace and happiness
2. 哲学家	zhéxuéjiā	（名）		philosopher
3. 思想家	sīxiǎngjiā	（名）		ideologist
4. 据说	jùshuō	（动）		it is said that
5. 尊称	zūnchēng	（名）		a respectful form of address
6. 理想	lǐxiǎng	（形）		ideal
7. 君主	jūnzhǔ	（名）		king
8. 冒险	màoxiǎn	（动）		to adventure

---

① 这是古代汉语的表达方式，意思是：让老百姓吃得香，穿得暖，住得舒适，快乐地按照自己的风俗习惯生活。

9. 逃难	táonàn	（动）	to escape, to flee	
10. 迁移	qiānyí	（动）	to migrate, to move	
11. 兵器	bīngqì	（名）	weapon	
12. 打仗	dǎzhàng	（动）	to fight	
13. 矛盾	máodùn	（名）	contradiction	
14. 形容	xíngróng	（动）	to describe	

专有名词 Proper Nouns

1. 春秋时期	Chūnqiū Shíqī	the Spring and Autumn period
2. 李耳	Lǐ Ěr	the family name and given name of Lao Tzu
3. 老子	Lǎozǐ	Lao Tzu (Laozi) —a Chinese philosopher who is credited with founding the philosophical system of Taoism
4.《道德经》	Dàodéjīng	*Tao Te Ching*

成语今用 Modern Usage

（1）江西省谋而后动，瞄准新兴产业、支柱产业、重点产业及传统优势产业，加大招才引智力度，让人才**安居乐业**。

（摘自新华网《引才更需要留住人才》2018 年 5 月 30 日）

（2）在住房工作方面，树立为民情怀，多谋民生之利，多解民生之忧，加大棚户区改造和公租房建设，努力改善居住环境，让广大群众住有所居，**安居乐业**。

（摘自齐鲁网《亲切的关怀，巨大的鼓舞——山东省住建厅副厅长周善东：
让广大群众住有所居，安居乐业》2018 年 6 月 22 日）

练习 Practice

一、答一答　Let's Answer
根据课文内容回答下面的问题。
1. 关于老子的名字有什么有意思的故事？
2. 为什么老子希望人们生活在理想的社会？
3. 老子心中理想的社会是什么样子的？
4. 在《道德经》里，老子是怎样描写理想的社会的？
5. 现在人们常用"安居乐业"这个成语来形容什么？

二、查一查　Look Up the Words

查词典，解释下面的成语，并找出"安居乐业"的近义词与反义词，填到下面的表格里，再给每一个成语造一个句子。

国泰民安　　　　　民不聊生　　　　　流离失所
丰衣足食　　　　　水深火热　　　　　安身立命

近义词	反义词

1. 国泰民安

2. 民不聊生

3. 流离失所

4. 丰衣足食

5. 水深火热

6. 安身立命

补充知识 Supplementary Information

老子与《道德经》

老子（约公元前571—约公元前471），是中国古代伟大的思想家、哲学家、文学家和史学家，道家学派创始人和主要代表人物。在修身方面，老子主张不与人争；在政治方面，老子主张无为而治；在权术方面，老子主张物极必反。

老子的代表作是《道德经》，又叫《道德真经》《老子》《五千言》《老子五千文》，是道家哲学思想的重要来源。《道德经》共5000字左右，分上、下两篇，上篇《德经》，下篇《道经》。《道德经》的核心精华是朴素的辩证法，主张无为而治。

《道德经》是中国历史上最伟大的著作之一，对中国的哲学、科学、政治、宗教等产生了深远的影响。根据联合国教科文组织统计，《道德经》是除了《圣经》以外被译成外国文字发布量最多的文化名著。

《道德经》中的成语

《道德经》流传到今天，当中的很多语句成为人们耳熟能详的成语，例如：

1. 天长地久

出处：天地所以能长且久者，以其不自生，故能长生。

释义：跟天和地存在的时间一样长，形容永久不变（多指爱情）。

例句：没有爱情可以永不褪色，任何一段**天长地久**皆需用细密的心思不断去保鲜。

2. 自知之明

出处：知人者智，自知者明。

释义：指透彻了解自己（多指缺点）的能力。

例句：他临死之前，将全稿烧掉，是有**自知之明**的。（鲁迅《书信集·致曹白》）

3. 天网恢恢，疏而不漏

出处：天网恢恢，疏而不失。

释义：天道公平，作恶就要受惩罚，它看起来似乎很不周密，但最终不会放过一个坏人。比喻作恶的人一定难逃上天的惩罚。

例句：所以**天网恢恢，疏而不漏**，古今中外，贫富贵贱，都逃不出这个理数。（吴组缃《泰山风光》）

4. 千里之行，始于足下

出处：合抱之木，生于毫末；九层之台，起于累土；千里之行，始于足下。

释义：一千里的路程是从迈第一步开始的，比喻事情的成功都是由小到大逐渐积累的。

例句：**千里之行，始于足下**，要建筑百丈高楼，不先打好地基是不行的。（夏衍《〈学人谈治学〉代序》）

课文二

道不拾遗

  战国时期，卫国人商鞅逃难到了秦国，他主张按照法律治理国家，秦孝公让商鞅做秦国的宰相，而且非常重视商鞅的改革。商鞅制定了新的法律，后来人们把这次改革称为"商鞅变法"。

  商鞅主张人人平等，不管是什么人，只要为国家作出了贡献，就应该得到奖励；不管这个人是什么身份，只要做了违反法律的事情，就应该受到惩罚。他还鼓励劳动，发展农业生产等。

  由于商鞅在秦国积极实行变法，秦国的老百姓的劳动积极性普遍提高了，军队的纪律性也变得越来越强，士兵们都心甘情愿为国家出力。老百姓的生活变得富裕起来，秦国的社会秩序十分安定，形成了非常淳朴的民风，人们晚上睡觉的时候连门窗都不用关，在路上丢了东西也不用担心被别人捡走。从此，秦国越来越强大。

  《战国策》里是这样形容商鞅变法后的秦国的："道不拾遗，民不妄取。"① 后来，人们用"道不拾遗"或"路不拾遗"形容国家或社会的风气良好。

（故事来源：《战国策·秦策一》）

生词 New Words

1.	道不拾遗	dàobùshíyí		no one picks up what's left by the wayside
2.	治理	zhìlǐ	（动）	to govern
3.	宰相	zǎixiàng	（名）	prime minister in the ancient time
4.	改革	gǎigé	（名）	reform
5.	贡献	gòngxiàn	（名）	contribution
6.	奖励	jiǎnglì	（名）	award
7.	惩罚	chéngfá	（动）	to punish
8.	变法	biànfǎ	（动）	to reform the political rules
9.	普遍	pǔbiàn	（副）	generally
10.	纪律	jìlǜ	（名）	discipline
11.	心甘情愿	xīngān-qíngyuàn		be willing to

---

① 这句古代汉语表达的意思是：路上看到别人丢的东西，没有人去捡起来拿走，老百姓不随便拿别人的东西。

12.	出力	chūlì	（动）	work for
13.	秩序	zhìxù	（名）	order
14.	安定	āndìng	（形）	stable; settled
15.	淳朴	chúnpǔ	（形）	unsophisticated
16.	民风	mínfēng	（名）	folkway
17.	风气	fēngqì	（名）	general mood

专有名词 Proper Nouns

1.	战国时期	Zhànguó Shíqī	the Warring States period
2.	卫国	Wèiguó	Wei State in the Warring States period
3.	商鞅	Shāng Yāng	a politician and reformer in the Warring States period
4.	秦国	Qínguó	Qin State in the Warring States period
5.	秦孝公	Qín Xiào Gōng	Duke Xiao of Qin State in the Warring States period
6.	《战国策》	Zhànguó Cè	*Stratagems of the Warring States*

成语今用 Modern Usage

（1）在清远市区赢之城华润万家超市的东门，当失主欧新强夫妻从《清远日报》记者周爱文手上接过装有 5 万元现金的挎包时，一时不知道说什么好。事后，欧新强夫妻来到清远日报社，再次感谢周爱文**路不拾遗**的行为。

（摘自《南方日报》《记者路不拾遗物归原主》2013 年 8 月 15 日）

（2）好人**路不拾遗**，微信寻回失主。"感谢好人，捡到我所有的财物后全部归还，这样的人值得我们学习。"12 月 19 日，来自义乌市苏溪镇的黄允林通过电话，激动地表达了财物失而复得的感激之情。

（摘自《江西日报》《好人路不拾遗，微信寻回失主》2017 年 12 月 21 日）

练习 Practice

一、答一答　Let's Answer

根据课文内容回答下面的问题。

1. 商鞅帮助秦孝公做了什么事情？
2. 商鞅在变法的过程中主要有哪些主张？

3. 为什么秦国的老百姓生活越来越富裕？
4. 在商鞅变法之后，秦国的民风有什么变化？
5. 现在人们常用"道不拾遗"这个成语来形容什么？

二、查一查　Look Up the Words

查词典，解释下面的成语，并找出"道不拾遗"的近义词与反义词，填到下面的表格里，再给每一个成语造一个句子。

夜不闭户　　　　　打家劫舍　　　　　世态炎凉
伤风败俗　　　　　风清弊绝　　　　　市无二价

近义词	反义词

1. 夜不闭户
_____

2. 打家劫舍
_____

3. 世态炎凉
_____

4. 伤风败俗
_____

5. 风清弊绝
_____

6. 市无二价
_____

补充知识 Supplementary Information

《战国策》

　　战国时期（公元前475—公元前221）是中国历史上继春秋时期之后的大变革时期。在这200多年的时间里，发生了大小战争200多次，这段时间也是中国的思想、学术、科技、军事以及政治发展的黄金时期。与此同时，各个诸侯国展开了许多举世闻名的变法和改革，比如秦国的"商鞅变法"。

　　《战国策》是一部国别体史学著作，即以国家为单位记录战国时期的历史事件，又称《国策》，记载了西周、东周及秦、齐、楚、赵、魏、韩、燕、宋、卫、中山各国之事，分为十二策，三十三卷，共497篇。该书主要记述了战国时期纵横家的政治主张和言行策略，展示了战国时代的历史特点和社会风貌，是研究战国历史的重要著作。这本书的作者不是一人，成书也不是一时，西汉末年的刘向把有关战国时期历史的各种资料编成了一本书，定名为《战国策》。

《战国策》中的成语

　　纵横家十分擅长运用寓言进行说理、论证，很多人们耳熟能详的成语与成语故事都出自《战国策》，例如：

1. 狐假虎威

　　出处：虎求百兽而食之，得狐。狐曰："子无敢食我矣，天帝使我长百兽，今子食我，是逆天帝命也。子以我为不信，吾为子先行，子随我后，观百兽之见我而敢不走乎？"虎以为然，故遂与之行，兽见之皆走。虎不知兽畏己而走也，以为畏狐也。（《战国策·楚策一》）

　　释义：狐狸假借老虎的威势吓跑百兽。比喻倚仗别人的势力欺压人。

　　例句：中国有句古话叫"一人得道鸡犬升天"，更有成语叫**狐假虎威**"狗仗人势"，说的就是某些领导干部的"亲属团"。（中国青年网《"严书记"事件对遏制政界"狐假虎威"现象的启示》2018年12月2日）

2. 狡兔三窟

　　出处：狡兔有三窟，仅得免其死耳；今君有一窟，未得高枕而卧也，请为君复凿二窟。（《战国策·齐策四》）

　　释义：狡猾的兔子有三个窝。比喻有多个藏身的地方。

　　例句：这班富户**狡兔三窟**，富裕亲戚朋友众多，你就是把他们的粮食搜光，也饿不掉他们一颗大牙。（姚雪垠《李自成》）

3. 门庭若市

出处：群臣进谏，门庭若市。(《战国策·齐策一》)

释义：门口和庭院里热闹得像市场一样，原形容朝廷上进谏的人多，现在形容交际来往的人很多。

例句：《大公报》号召力相当强，捐款者门庭若市。(徐铸成《报海旧闻》)

4. 亡羊补牢

出处：亡羊而补牢，未为迟也。(《战国策·楚策四》)

释义：羊丢失了，才去修理羊圈。比喻在受到损失之后想办法补救，免得以后再受类似的损失。

例句：网约车平台推出的整改措施是否是"亡羊补牢"？又是否能"补得牢"？(海峡法制在线《"亡羊补牢"能否"补得牢"网约车平台安全漏洞？》2018年5月23日)

成语常识（一）

什么是成语？

成语是一种长久习用而来的具有书面色彩的固定短语，是汉语的重要组成部分，是中华民族特有的语言单位，更是千百年来中国人民的智慧结晶。成语用得好，在一定程度上能体现一个人的文化修养。

如果让中国人举个例子说明什么是成语，这是一件非常容易的事情。但是，如果要回答什么是成语，这个问题的答案就有很多种了，因为一直以来，对于什么是成语还没有统一的说法。什么是成语？判断成语的标准是什么？不同的学者对此有不同的答案，以下列举几种仅供参考：

吕叔湘认为成语"形式短小，并且最好是完整，甚至可以说是以四字语，尤其是二二相承的四字语为主"[1]。

刘洁修认为成语是"人们长期以来习用的、形式简洁而意义精辟的、定型的词组或短句"[2]。

刘叔新认为"有无表义双层性"[3] 是判断成语的主要标准。

周荐认为"经典性"[4] 是成语的首要特点。

总的来说，我们认为成语一般具有以下几个特点：

1. **定型性**

成语一般形式整齐，具有固定的结构，其构成成分一般不能增加或减少，不能随意调换顺序。大部分成语是四个字的，例如：安居乐业、夜不闭户、门庭若市等。但是也有一些成语不是四个字的，例如：千里之行，始于足下；四海之内皆兄弟；兼听则明，偏信则暗；等等。

2. **习用性**

许多成语都使用了成百上千年，经久不衰。例如今天常用的成语天长地久、自知之明，都出自距今两千多年的《道德经》一书。

3. **意义完整性**

成语的意义一般不是构成成分意义的简单相加，而是在构成成分的基础上进一步

---

[1] 吕叔湘. 中国俗语大辞典 [M]. 上海：上海辞书出版社，2011.
[2] 刘洁修. 成语 [M]. 北京：商务印书馆，1985.
[3] 刘叔新. 汉语描写词汇学 [M]. 北京：商务印书馆，2005.
[4] 周荐. 熟语的经典性和非经典性 [J]. 中国语文，1994（3）：33-38.

概括而来的整体意义。成语多蕴含深刻的哲理，或表达一种深刻的思想，例如：亡羊补牢、狐假虎威等。

4. 书面语特色

成语不同于熟语、惯用语等，成语更具有书面色彩，使用成语有助于加强语言的表现力。

5. 音乐性

成语绝大部分是四个字的，四字成语的四个音节大多两两相对，匀称整齐，节奏鲜明，通常都具有平仄相间、音调高低起伏的特点。

第二篇　民主篇

名人名言

民主制度，天下之公理。

——梁启超

在民主的国家里，法律就是国王；在专制的国家里，国王就是法律。

——［德］马克思

民主并不是什么好东西，但它是我们迄今为止所能找到的最好的一种制度。

——［英］丘吉尔

学习目标 >>

1. 了解成语故事"兼听则明，偏信则暗""载舟覆舟"，并能够在生活中正确地使用这两个成语。

2. 理解"兼听则明，偏信则暗""载舟覆舟"这两则成语故事背后所体现的民主观。

3. 掌握有关成语数量的常识。

4. 了解贞观之治的历史背景；了解司马光与《资治通鉴》。

课文一

兼听则明,偏信则暗

唐太宗是唐朝的第二位皇帝,他经常积极、虚心地听取大臣们的意见,希望更好地治理天下。

唐太宗的宰相名叫魏征。有一次,唐太宗问魏征:"我作为国家的君主,经常听到很多不同的意见,我应该怎样才能辨别什么是真的,什么是假的呢?"

魏征回答说:"作为君主,只听一面之词就可能糊涂,容易犯错误。以前的君主尧非常积极地向老百姓了解情况,听取大臣的意见,所以更容易辨别是非;君主舜眼观六路,耳听八方,所以有坏主意的大臣们都没有办法欺骗他;秦始皇的儿子胡亥只相信坏人赵高,最后被赵高所杀……所以,作为国家的君主,您如果广泛地听取大家的意见,清楚地辨别什么是正确的主张,就不会受到坏人的欺骗,这样您对老百姓的情况也就了解得很清楚了。但是您如果只听一面之词,可能就会受到欺骗。"唐太宗觉得魏征的话非常有道理,从此,他便很注意听取别人的意见与建议,鼓励大臣说出自己的看法。

魏征去世后,唐太宗难过地流着眼泪说:"用铜做镜子,可以看出衣帽穿着是否整齐;用历史做镜子,可以明白各个朝代为什么兴起和衰落;用人做镜子,可以看清楚自己做得对不对。今天魏征去世了,我真是失去了一面好镜子啊!"

《资治通鉴》中写道:"兼听则明,偏信则暗。"后来,人们用"兼听则明,偏信则暗"形容应该听取多方面的意见,才能更好地辨别是非,如果只相信单方面的话就容易分不清是非。

(故事来源:司马光《资治通鉴》)

生词 New Words

1. 兼听则明　jiāntīngzémíng　　　　　listen to both sides and you will be enlightened
2. 偏信则暗　piānxìnzéàn　　　　　　listen to only one side and you will be deceived
3. 虚心　　　xūxīn　　　　　(形)　modest
4. 听取　　　tīngqǔ　　　　　(动)　to listen
5. 辨别　　　biànbié　　　　 (动)　to distinguish
6. 是非　　　shìfēi　　　　　(名)　truth and falsehood
7. 一面之词　yímiànzhīcí　　　　　　the statement of one of the parties

8. 糊涂	hútu	（形）	confused
9. 欺骗	qīpiàn	（动）	to deceive
10. 广泛	guǎngfàn	（形）	extensive
11. 铜	tóng	（名）	copper
12. 兴起	xīngqǐ	（动）	to rise
13. 衰落	shuāiluò	（动）	to decline

专有名词 Proper Nouns

1. 唐太宗　　Táng Tàizōng　　the second emperor of the Tang Dynasty
2. 唐朝　　　Tángcháo　　　　Tang Dynasty
3. 魏征　　　Wèi Zhēng　　　 a politician of the Tang Dynasty
4. 尧　　　　Yáo　　　　　　 a legendary monarch in ancient China
5. 舜　　　　Shùn　　　　　　a legendary monarch in ancient China
6. 胡亥　　　Hú Hài　　　　　the second emperor of the Qin Dynasty
7. 赵高　　　Zhào Gāo　　　　the prime minister of the second emperor of the Qin Dynasty
8. 《资治通鉴》 Zī Zhì Tōng Jiàn *Comprehensive Mirror for Aid in Government*

成语今用 Modern Usage

（1）下一步如何完善相关条款，还需**兼听则明**，特别是要多听取"专车"司机、乘客的意见，才能制定出最符合常识、最适应"互联网+"时代的善治法规。

（摘自网易新闻《规范"专车"运营还需兼听则明》2015年10月12日）

（2）古人云："**兼听则明，偏信则暗**。"从这个角度来看，宽容是一种兼听纳谏的态度，展示着一种海纳百川的胸怀，蕴含着一种以柔克刚的力量。这种智慧，值得后人汲取。

（摘自东方新闻《宽容的力量》2018年6月26日）

练习 Practice

一、答一答　Let's Answer
根据课文内容回答下面的问题。
1. 唐太宗是一位什么样的皇帝？

2. 尧和舜是什么样的皇帝？
3. 唐太宗同意魏征的建议吗？
4. 魏征去世后，唐太宗是怎样评价魏征的？
5. 现在人们常用"兼听则明，偏信则暗"这个成语来形容什么？

二、查一查　Look Up the Words

查词典，解释下面的成语，并找出"兼听则明"的近义词与反义词，填到下面的表格里，再给每一个成语造一个句子。

　　　　集思广益　　　　　虚怀若谷　　　　　一面之词
　　　　广开言路　　　　　一意孤行　　　　　独断专行

近义词	反义词

1. 集思广益

   _____

2. 虚怀若谷

   _____

3. 一面之词

   _____

4. 广开言路

   _____

5. 一意孤行

   _____

6. 独断专行

   _____

补充知识 Supplementary Information

贞观之治

"贞观"（627—649）是唐太宗李世民的年号。唐太宗是中国历史上非常有名的皇帝，他的功绩一直为后世所传颂。唐太宗在位的时候，政治清明，经济发展速度比较快，社会秩序和人民生活都比较安定，史称"贞观之治"。

唐太宗选贤任能，纳谏如流，坚持任人唯贤，因此能够从不同阶层选拔杰出人才。他任用的房玄龄、杜如晦、魏征等贤才，在历史上都被传为佳话。唐太宗还常常与大臣们议论历代王朝兴衰成败的原因，善于接纳大臣们的建议。

唐太宗轻徭薄赋，注重发展生产。他吸取隋朝灭亡的原因，从波澜壮阔的农民战争中认识到人民群众力量的伟大，非常重视老百姓的生活。他强调以民为本，下令轻徭薄赋，让百姓休养生息。另外，唐太宗还精简政府机构，节省政府开支，以减轻人民的负担。

唐太宗十分注重法治。他认为国家法律不是帝王一家之法，而是天下都要共同遵守的法律，因此一切都要以法为准。法律制定出来以后，唐太宗以身作则，带头守法，维护法律的实行与稳定。

唐太宗在位期间，民族关系紧密。对于不同民族，一般不改变其生活方式，尊重各个民族的风俗习惯，任命各族首领对人民进行管理，最终取得了天下大治的理想局面。

"贞观之治"为后来唐玄宗治理下出现的"开元盛世"奠定了重要的基础，成为中国历史上政治清明、经济复苏、文化繁荣的代表性时期。

课文二

载舟覆舟

　　春秋战国是中国古代社会的大变革时期,许多诸侯国经历了兴起与衰落,人们开始把君主和人民的关系比作船和水的关系,并从中得出了载舟覆舟的道理。《荀子》中是这样写的:"君者,舟也;庶人者,水也;水则载舟,水则覆舟。"①

　　隋朝末年的农民起义和隋朝从兴盛到灭亡的经历,给唐太宗留下了深刻的印象。因此,唐太宗经常以隋朝的灭亡为借鉴,反省自己的一言一行。根据历史书籍记载,唐太宗与大臣们谈论治国之道时,曾多次引用"载舟覆舟"的观点。

　　有一次,房玄龄向唐太宗建议:"最近在检查兵器的时候,发现我们拥有的兵器比隋朝还少,是不是可以考虑增加一些呢?"然而,唐太宗却回答道:"增加兵器对于阻止敌人确实是很重要的,不过,目前我们最要紧的是安定民心,稳定人民的生活。隋朝的灭亡,并不是因为兵器不足,而是隋炀帝忽视了人心向背,最后导致人民的不满才造成的。我们要从隋朝的灭亡吸取教训,不能随便忘记这段历史。"可见,唐太宗真正理解了"水能载舟,亦能覆舟"的含义。

　　后来,人们用"水能载舟,亦能覆舟"或"载舟覆舟"形容人心向背的重要性,指人民就像水一样,既可以承载船,也可以倾覆船,所以人民是决定国家兴亡的主要力量。

(故事来源:司马光《资治通鉴》)

生词 New Words >>

1.	载舟覆舟	zàizhōu-fùzhōu		floating or overturning a boat
2.	变革	biàngé	(名)	change
3.	诸侯	zhūhóu	(名)	vassal
4.	起义	qǐyì	(名)	uprising
5.	兴盛	xīngshèng	(形)	prosperous
6.	灭亡	mièwáng	(动)	become extinct
7.	借鉴	jièjiàn	(动)	to use for reference

---

　　① 这句古代汉语表达的意思是:君主就好像船一样,老百姓就好像水一样。水既能使船安稳地航行,也能使船沉没。

8. 反省	fǎnxǐng	（动）	to introspect	
9. 记载	jìzǎi	（动）	to record	
10. 引用	yǐnyòng	（动）	to cite	
11. 阻止	zǔzhǐ	（动）	to stop	
12. 人心向背	rénxīn-xiàngbèi		win or lose popular support	
13. 吸取	xīqǔ	（动）	to absorb	
14. 教训	jiàoxùn	（名）	lesson	
15. 承载	chéngzài	（动）	to float	
16. 倾覆	qīngfù	（动）	to overturn	

专有名词 Proper Nouns

1. 《荀子》　　　Xúnzǐ　　　　　　*Xunzi*, the most important work of Confucianism in the late Warring States period
2. 隋朝　　　　Suícháo　　　　　Sui Dynasty
3. 房玄龄　　　Fáng Xuánlíng　　a politician of the early Tang Dynasty
4. 隋炀帝　　　Suí Yáng Dì　　　Emperor Yang of the Sui Dynasty

成语今用 Modern Usage

（1）民之所望，施政所向。无论什么时候，民心都是最重要的执政资源。民心同时也是"易碎品"，摧之易，聚之难。忘记了**载舟覆舟**的历史教训，离开了群众的信任与支持，一个地方的施政者必定沦为无源之水、无本之木，什么事情也做不成。

（摘自《人民日报》《民心是金》2015 年 10 月 8 日）

（2）"**水能载舟，亦能覆舟。**"这个道理我们必须牢记，任何时候都不能忘却。老百姓是天，老百姓是地。忘记了人民，脱离了人民，我们就会成为无源之水、无本之木，就会一事无成。

（摘自人民网《在纪念红军长征胜利 80 周年大会上的讲话》2016 年 10 月 21 日）

练习 Practice

一、答一答　Let's Answer

根据课文内容回答下面的问题。

1. 古人用载舟覆舟来形容什么？

2. 唐太宗通过什么事情反省自己的一言一行？
3. 有关兵器的问题，房玄龄向唐太宗提出了什么建议？
4. 唐太宗为什么没有接受房玄龄的建议？
5. 现在人们常用"载舟覆舟"这个成语来形容什么？

二、查一查　Look Up the Words

查词典，解释下面的成语，并给每一个成语造一个句子。

　　孤掌难鸣　　　　　众志成城　　　　　同心断金
　　独木不成林　　　　万众一心　　　　　一盘散沙

1. 孤掌难鸣

2. 众志成城

3. 同心断金

4. 独木不成林

5. 万众一心

6. 一盘散沙

补充知识 Supplementary Information

司马光与《资治通鉴》

　　司马光（1019—1086），北宋时期著名政治家、史学家、文学家。司马光7岁时，已经能背诵《左氏春秋》，还能讲明白书的要意，并且做出了"砸缸救友"这一个机智、勇敢的举动。司马光的学识博大精深，他把一生大部分精力都花在编写《资治通鉴》上，前后共费时19年。

　　《资治通鉴》是我国最大的一部编年体通史，在中国史书中有极重要的地位，与司马迁的《史记》并列为中国史学的不朽巨著，后人将司马光与司马迁并称为"史学两司马"。

《资治通鉴》共二百九十四卷，上起战国初期韩、赵、魏三家分晋（公元前403年），下至五代末年赵匡胤灭后周以前（959年），横跨中国16个朝代，包括秦、汉、晋、隋、唐等统一王朝和战国七雄、魏蜀吴三国、五胡十六国、南北朝、五代十国等分裂政权，共1362年的详细历史。

《资治通鉴》以政治、军事和民族关系为主要内容，也涉及经济、文化和历史人物评价。具体而言，该书以历代治乱兴衰为线索，在记录历史的同时，阐述君主与人臣的品德善恶、军国大事与政策得失，总结国家盛衰、王朝更替、民族兴亡的原因与教训，以供后人借鉴。

《资治通鉴》中的成语

今天我们使用的不少成语出自《资治通鉴》，例如：

1. **耳闻目睹**

出处：口说不如身逢，耳闻不如目睹。（《资治通鉴·唐纪·睿宗景云二年》）

释义：亲耳听见，亲眼看见。

例句：我主要是想通过报纸揭露黑暗，主持正义，改良社会，所以写我**耳闻目睹**的事实，从不编造。（张友渔《报人生涯三十年》）

2. **口蜜腹剑**

出处：世谓李林甫"口有蜜，腹有剑"。（《资治通鉴·唐纪·玄宗天宝元年》）

释义：嘴上说的很甜，肚子里却怀着害人的坏主意。形容人阴险。

例句：这个冒险家，**口蜜腹剑**，严一时心软，结果为《文汇报》留下后患。（徐铸成《旧闻杂忆续编》）

3. **排山倒海**

出处：昔世祖以回山倒海之威，步骑数十万，南临瓜步，诸郡尽降。（《资治通鉴·齐纪·高宗建武二年》）

释义：推开高山，翻倒大海。形容声势浩大，力量强大。

例句：一个人的声音是轻微无力的，千万人的集体声音便要响彻云霄，有着**排山倒海**的气概了。（邹韬奋《民众歌咏会前途无量》）

4. **望风而逃**

出处：渊藻是萧衍骨肉至亲，必死无理，若克涪城，渊藻安肯城中坐而受困，必将望风而去。（《资治通鉴·梁记·武帝天监四年》）

释义：老远看见对方的气势很盛就逃跑了。

例句：近日，重庆沙坪坝公园后门有骗子团伙摆地摊卖药酒专骗老年人，市民报警后，骗子**望风而逃**。（华龙网《团伙卖药酒专骗老年人 听闻报警骗子望风而逃》2017年7月14日）

成语常识（二）

成语的数量

成语的数量到底有多少呢？至今我们都没有确切的统计结果。

1989年由商务印书馆出版的《汉语成语考释词典》共收成语7600余条，另收异体约10 000条[①]。2014年由商务印书馆出版的《成语大词典》（最新修订版）共收录词目18 000余条[②]，其中绝大部分是运用广泛、为人熟知的成语，同时也酌情收录一些其他熟语。2015年由商务印书馆出版的《新华成语词典》（第2版）依据大型文献语料库，对收词、释义、例证等做了全面修订，收词从第1版的8000余条增加到10 000余条[③]。

为什么成语的数量会如此不统一呢？原因至少有以下四个：

第一，一直以来，学术界对于成语的定义、成语词典的收录范围等问题，都没有统一的答案。有的人认为来自历史文献且具有典型成语特征的词就是成语，而有的人则把一些谚语、格言、惯用语等都归为成语。总的来说，标准越严格，成语的范围就越小。因此，目前市面上的成语词典收录的成语数量不一，有的只收录了几千条成语，有的则收录了上万条甚至好几万条成语，这都是对成语的定义与划分标准不统一的结果。

第二，汉语中存在许多"同义异序"的成语。"同义异序"的成语指的是意义完全相同，但是构成成分的排列顺序不一样的成语。这些"同义异序"的成语究竟算作一条成语还是多条成语，人们的意见也不统一。例如：

安邦定国——定国安邦

悲欢离合——离合悲欢

胆战心惊——心惊胆战

千山万水——万水千山

一诺千金——千金一诺

第三，汉语中存在许多"同义异形"的成语。"同义异形"的成语指的是构成成语的某些成分可以改换成其他同义或近义的成分，但是意义相同的成语。这些"同义异形"的成语究竟算作一条成语还是多条成语，人们的意见也不统一。例如：

拔苗助长——揠苗助长

道不拾遗——路不拾遗

[①] 刘洁修. 汉语成语考释词典 [M]. 北京：商务印书馆，1989.

[②] 《成语大词典》编委会. 成语大辞典 [M]. 北京：商务印书馆，2014.

[③] 商务印书馆辞书研究中心. 新华成语词典 [M]. 2版. 北京：商务印书馆，2015.

独具一格——别具一格

驴年马月——猴年马月

兼听则明，偏信则暗——兼听则明，偏听则暗

第四，随着社会的不断发展，人类文明的不断进步，语言的各个要素都在发生相应的变化。成语作为汉语词汇的重要组成部分，自然也会发生新的变化。因此，新的成语不断涌现，比如 2015 年由商务印书馆出版的《新华成语词典》（第 2 版）就收录了大量新近产生的成语。例如：

风生水起

冰山一角

综合以上几种原因，我们很难确定目前汉语中成语的数量究竟是多少。

第三篇　文明篇

名人名言

人无礼则不生，事无礼则不成，国无礼则不宁。

——荀子

非礼勿视，非礼勿听，非礼勿言，非礼勿动。

——孔子

礼貌使有礼貌的人喜悦，也使那些受人以礼貌相待的人们喜悦。

——［法］孟德斯鸠

学习目标 >>

1. 了解成语故事"负荆请罪""不贪为宝"，并能够在生活中正确地使用这两个成语。
2. 理解"负荆请罪""不贪为宝"这两则成语故事背后所体现的文明观。
3. 掌握有关成语来源的常识。
4. 了解《史记》《左传》。

课文一

负荆请罪

　　战国时期，赵国的蔺相如胆识过人，能言善辩。由于蔺相如把和氏璧完整地从秦国带回了赵国，为赵国立下了功劳，赵王非常欣赏他，于是给蔺相如很高的官职地位，比常常打胜仗的大将军廉颇还要高。

　　廉颇知道以后，非常不服气，说："我是赵国的将军，有许多打胜仗的功劳，而蔺相如只不过靠能说会道立了一点小功劳，可是现在他的地位却比我高。而且蔺相如本来只是一个普通老百姓，现在我的地位在他之下，这件事情我实在难以忍受。如果有一天我遇见蔺相如，一定要当面羞辱他。"

　　蔺相如听说了这件事后，不愿意和廉颇见面。每到上朝时，蔺相如都找借口说生病了，不愿意和廉颇争位次的先后。有时候蔺相如外出，远远看到廉颇，就调转车子回避。

　　蔺相如家中的下属聚在一起，对蔺相如说："我们之所以为您工作，是因为佩服您正直高尚的品德。现在廉颇将军对您无礼，而您却害怕见他，而且一直都在回避他，您怕他怕得也太过分了，恐怕普通人都不能忍受，何况是有如此高地位的您呢！您再这样的话，就请让我们离开吧！"蔺相如笑了笑，对他们说："你们认为廉颇将军和秦王相比，谁更厉害？"下属回答说："廉颇将军当然比不了秦王。"蔺相如接着说："秦王那么厉害，而我却敢在朝廷上与他争执，羞辱他的大臣，我难道会怕廉颇将军吗？我只是想到，强大的秦国之所以不敢攻打我们赵国，就是因为有我和廉颇将军在。如果我和廉颇将军关系破裂，又怎么能一起保护赵国呢？我回避廉颇将军，只是为了把国家的大事放在前面，把个人的小事放在后面。"

　　蔺相如的话传到了廉颇的耳朵里，廉颇静下心来想了想，觉得自己为了个人的小事而不顾国家利益，真是不应该。于是，他脱下战袍，背上荆条，到蔺相如家去道歉。蔺相如见廉颇亲自到家中负荆请罪，连忙热情地出来迎接。从此以后，他们俩成了好朋友，一起保卫赵国。

　　后来，人们用"负荆请罪"形容主动向人认错、道歉，希望对方给自己严厉的惩罚。

（故事来源：司马迁《史记·廉颇蔺相如列传》）

生词 New Words

1.	负荆请罪	fùjīng-qǐngzuì		carry a rod with thorns on back and ask for punishment
2.	胆识	dǎnshí	（名）	courage and insight
3.	能言善辩	néngyán-shànbiàn		be skilled in debate
4.	功劳	gōngláo	（名）	meritorious service
5.	官职	guānzhí	（名）	official position
6.	将军	jiāngjūn	（名）	general
7.	服气	fúqì	（动）	to be convinced
8.	能说会道	néngshuō-huìdào	（形）	talkative, eloquent
9.	羞辱	xiūrǔ	（动）	to humiliate
10.	上朝	shàngcháo	（动）	to go to court
11.	位次	wèicì	（名）	position
12.	调转	diàozhuǎn	（动）	to turn around
13.	回避	huíbì	（动）	to evade
14.	下属	xiàshǔ	（名）	subordinate
15.	佩服	pèifú	（动）	to admire
16.	正直	zhèngzhí	（形）	righteous
17.	高尚	gāoshàng	（形）	noble-minded
18.	争执	zhēngzhí	（动）	to dispute
19.	攻打	gōngdǎ	（动）	to attack
20.	破裂	pòliè	（动）	to break down
21.	战袍	zhànpáo	（名）	combat uniform
22.	荆条	jīngtiáo	（名）	rod with thorns
23.	保卫	bǎowèi	（动）	to protect

专有名词 Proper Nouns

1.	赵国	Zhàoguó	Zhao State in the Warring States period
2.	蔺相如	Lìn Xiàngrú	a minister of Zhao State in the Warring States period
3.	和氏璧	Héshì Bì	the jade of the He family
4.	赵王	Zhàowáng	king of Zhao State in the Warring States period

5. 廉颇　　　Lián Pō　　　　a general of Zhao State in the Warring States period
6. 秦王　　　Qínwáng　　　king of Qin State in the Warring States period

成语今用 Modern Usage

（1）2012 年 7 月 31 日，广州市兴丰生活垃圾卫生填埋场门口，工人被拖欠工资讨要无门，老板**负荆请罪**，自称无可奈何。

（摘自央视网《广州工人上门讨薪　老板负荆请罪称无可奈何》2012 年 8 月 2 日）

（2）2 月 19 日早，广东中山一男子背着三条树枝，跪在中山港口交警大队办证厅门口，交警发现后立即上前了解情况。经询问，"**负荆请罪**"的男子王某在 2 月 18 日傍晚，驾驶一报废摩托车与一电动车发生碰撞。在事故处理过程中，王某得知将被处罚款 1000 元，并吊销驾驶证两年不得重申，王某便学起了古人"负荆请罪"的方法。

（摘自新华社新媒体《错就是错！男子肇事后"负荆请罪"，然而并没有什么用》2019 年 2 月 22 日）

练习 Practice

一、答一答　Let's Answer
根据课文内容回答下面的问题。
1. 为什么赵王很欣赏蔺相如？
2. 为什么廉颇不服气蔺相如的官职地位比自己高？
3. 廉颇想对蔺相如做什么？蔺相如是怎么对待廉颇的？
4. 为什么蔺相如的下属想离开？
5. 蔺相如是怎么向下属解释自己的行为的？
6. 廉颇为什么要向蔺相如负荆请罪？
7. 现在人们常用"负荆请罪"这个成语来形容什么？

二、查一查　Look Up the Words
查词典，解释下面的成语，并找出"负荆请罪"的近义词与反义词，填到下面的表格里，再给每一个成语造一个句子。

死不悔改　　　　幡然悔悟　　　　兴师问罪
文过饰非　　　　引咎自责　　　　肉袒负荆

近义词	反义词

1. 死不悔改

   _____

2. 幡然悔悟

   _____

3. 兴师问罪

   _____

4. 文过饰非

   _____

5. 引咎自责

   _____

6. 肉袒负荆

   _____

补充知识 Supplementary Information

司马迁与《史记》

　　司马迁（公元前145—?），西汉史学家、散文家，被后世尊称为太史公、历史之父。司马迁从小在父亲司马谈的指导下读书习文，10岁时已能阅读诵习《尚书》《左传》《国语》。

　　《史记》全书共130篇，52万余字，记载了从中国上古传说中的黄帝时代（约公元前3000年）到汉武帝元狩元年（公元前122年）共3000多年的历史。司马迁花了13年的时间才写成这本书。

　　《史记》一书脉络清晰，"究天人之际，通古今之变，成一家之言"，详实地记录了中国古代政治、经济、军事、文化等各个方面的发展情况。

《史记》以历史上的帝王等政治中心人物为史书编撰的主线，各种体例分工明确，一共分为本纪、表、书、世家、列传五个部分，包括十二本纪、十表、八书、三十世家、七十列传。"本纪"记录的是历代帝王的兴衰和重大历史事件（除了《项羽本纪》以外）；"表"是各个历史时期的大事记；"书"是关于天文、历法、水利、经济、文化等方面的专题史；"世家"是历代诸侯贵族的活动和事迹（除了《陈涉世家》以外）；"列传"主要是历代各阶层有影响的人物及少数民族的传记。

　　《史记》是历史上第一本纪传体史书，"纪传体"是以人物传记为中心来反映历史内容的一种体例。同时，《史记》还是一部优秀的文学著作，在文学史上有重要地位，具有极高的文学价值，鲁迅先生称赞它为"史家之绝唱，无韵之《离骚》"。

《史记》中的成语

今天我们使用的不少成语出自《史记》，例如：

1. **不寒而栗**

出处：是日皆报杀四百余人。其后郡中不寒而栗。(《史记·酷吏列传》)

释义：不寒冷而发抖，形容非常恐惧。

例句：当年长沙大火后，长沙几乎成了废墟，站在长沙任何一个角落，都可以看到岳麓山那幅凄凉情景，想起来使人**不寒而栗**。（沈醉《我这三十年》）

2. **不足挂齿**

出处：此特群盗鼠窃狗盗耳，何足置之齿牙间。(《史记·刘敬叔孙通传》)

释义：不值得一提。足，即值得。挂齿，即挂在嘴上，说起，提起。

例句：这点事**不足挂齿**，不足挂齿，我只是做了一件应该做的小事。（郑理《张伯驹传》）

3. **捷足先登**

出处：秦失其鹿，天下共逐之，于是高材疾足者先得焉。(《史记·淮阴侯列传》)

释义：行动敏捷，先达到目的。

例句：他们自信此项彩票在三年内一定要开彩，所以拼命地想做一个**捷足先登**的英雄。（茅盾《色盲》）

4. **卧薪尝胆**

出处：越王勾践反国，乃苦身焦思，置胆于坐，坐卧即仰胆，饮食亦尝胆也。(《史记·越王勾践世家》)

释义：睡在柴草上，吃饭睡觉都尝一尝苦胆。形容人刻苦自励，发愤图强。

例句：2016年的欧洲杯决赛，作为东道主的法国队却在加时赛过后意外0∶1不敌葡萄牙队未能登上欧洲之巅；但仅仅过了两年，德尚便率领着更年轻的法国队在俄罗斯一路闯关站到了世界之巅！两年前的失利没有击倒洛里、乌姆蒂蒂、博格巴、马图伊迪、格列兹曼和吉鲁……而是令他们更坚强，更从容。**卧薪尝胆**，终夺桂冠！

课文二

不贪为宝

春秋时期,宋国有个叫子罕的官员,他品德高尚,正直廉洁,从不接受别人的礼物,在百姓中很有威望。

一天,有一个人得到了一块玉石,将它献给子罕,子罕不肯接受。献玉石的人以为子罕不识货,于是说:"我曾经把这块玉石拿给玉工鉴定过,他认为这是一块宝玉,因此我才敢献给您。"子罕说:"我把不贪图财物的这种品德当作是宝物,而你则把玉石当作宝物。如果你把宝玉送给了我,我们两个人都失去了宝物,所以我们应该保有各自的宝物。"

献玉石的人见子罕坚决不肯收下,只好说了实话:"我是一个普通老百姓,如果留下宝玉,坏人一定会想办法抢走它,那么我会不得安宁,所以特地来献给您。"子罕听了他的话以后,命令一位玉工对这块宝玉进行了加工,送到市场上卖掉,把卖玉的钱交给那个人,然后派人保护他回家。

献玉石的人认为玉石价值连城,而对于子罕来说,玉石的价值远远比不上当官的人严谨自律、正直廉洁的品德。正因为子罕把这种为官的品德看作最珍贵的宝物,才能真正做到为官清白正直、公正廉洁。子罕得到群众的爱戴,受到后世的推崇,成为历史上有名的清官。

后来,人们用"不贪为宝"形容人的廉洁自律。

(故事来源:《左传·襄公十五年》)

生词 New Words

1.	不贪为宝	bùtānwéibǎo		it is a treasure not to be greedy
2.	官员	guānyuán	(名)	official
3.	廉洁	liánjié	(形)	uncorrupted
4.	威望	wēiwàng	(名)	prestige
5.	玉工	yùgōng	(名)	lapidary
6.	鉴定	jiàndìng	(动)	to identify
7.	贪图	tāntú	(动)	to be greedy for
8.	财物	cáiwù	(名)	property
9.	宝物	bǎowù	(名)	treasure

10.	坚决	jiānjué	（形）	determined
11.	安宁	ānníng	（名）	peace
12.	价值连城	jiàzhí-liánchéng		priceless
13.	严谨	yánjǐn	（形）	rigorous
14.	自律	zìlǜ	（形）	self-disciplined
15.	爱戴	àidài	（动）	to respect and support
16.	推崇	tuīchóng	（动）	to praise highly
17.	清官	qīngguān	（名）	honest and upright official

专有名词 Proper Nouns

1.	宋国	Sòngguó	Song State in the Spring and Autumn period
2.	子罕	Zǐhǎn	an official of Song State in the Spring and Autumn period

成语今用 Modern Usage

（1）要教人"**以不贪为宝**"，思想教育要切实管用。中国历史上首部反腐教材，是明朝开国皇帝朱元璋亲自编撰的《醒贪简要录》。这位皇帝教人"以不贪为宝"，就是帮你算政治账、经济账：书里先详细计算官员所得俸禄，如折合成稻谷是多少斤？按照平均亩产折算需要多少亩地？农民耕作这些地需要花费多少劳力等等，希望以此唤醒官吏良心。

（摘自《光明日报》《教人"以不贪为宝"》2013年5月13日）

（2）为官者，当以"**不贪为宝**"作为人生信条，树立正确的权力观、利益观和价值观，时时处处严于律己、防微杜渐，经得住诱惑、守得住清廉。

（摘自人民网《为官当恪守"不贪为宝"》2016年7月19日）

练习 Practice

一、答一答 Let's Answer
根据课文内容回答下面的问题。
1. 子罕是个什么样的人？
2. 子罕为什么不接受玉石？
3. 献玉石的人为什么不自己保留玉石？
4. 子罕是怎么帮助献玉石的人的？

5. 现在人们常用"不贪为宝"这个成语来形容什么?

二、查一查 Look Up the Words

查词典,解释下面的成语,并找出"不贪为宝"的近义词与反义词,填到下面的表格里,再给每一个成语造一个句子。

克己奉公　　　　　贪赃枉法　　　　　廉洁奉公
徇私舞弊　　　　　清正廉明　　　　　徇私枉法

近义词	反义词

1. 克己奉公
   _____

2. 贪赃枉法
   _____

3. 廉洁奉公
   _____

4. 徇私舞弊
   _____

5. 清正廉明
   _____

6. 徇私枉法
   _____

补充知识 Supplementary Information

《左传》

《左传》原名《左氏春秋》，又称《春秋左氏传》，是一部史学名著和文学名著，是我国现存第一部叙事详细的编年体史书（最早的编年体史书为《春秋》，最大的编年体史书为《资治通鉴》）。

《左传》的作者是谁，至今仍是未解之谜。司马迁、班固等人都认为《左传》是春秋末年鲁国的左丘明为《春秋》作注解的一部史书。《左传》与《公羊传》《谷梁传》合称"春秋三传"。全书共35卷，是儒家经典之一，在十三经中篇幅最长，在四库全书中列为经部。

《左传》主要记载了鲁隐公元年（公元前722年）至鲁哀公二十七年（公元前468年）[1]间各国政治、经济、军事、外交和文化方面的重要事件和重要人物，包括周王室的衰微、诸侯争霸的历史，它对各类礼仪规范、典章制度、社会风俗、民族关系、道德观念、天文地理、历法时令、古代文献、神话传说、歌谣言语均有记述和评论。是研究中国先秦历史很有价值的文献，也是优秀的散文著作。

《左传》中的人物与事件是按照历史资料来编写的，但作者在记叙这些历史人物和事件时，也表现出了一定的思想观点与政治倾向。《左传》对历史人物的褒贬体现了对仁、义、礼、德等道德规范的肯定。

由于《左传》具有强烈的儒家思想倾向，强调等级秩序与宗法伦理，重视长幼尊卑之别，同时也表现出"民本"思想，因此也是研究先秦儒家思想的重要历史资料。《左传》本不是儒家经典，但自从它立于学官，后来又附在《春秋》之后，就逐渐被儒家学者当成经典。

《左传》中的成语

《左传》流传到今天，很多语句成为人们耳熟能详的成语，例如：

1. **困兽犹斗**

出处：困兽犹斗，况国相乎？（《左传·宣公十二年》）

释义：被围困的野兽还要挣扎搏斗。比喻陷于绝境的人（多指坏人）虽然走投无路，还要顽强抵抗。

---

[1] 也有说法认为至鲁悼公四年（公元前453年），因为书末附有鲁悼公四年至十四年韩、魏、赵三家灭智氏的史实。

例句：不过县署里几个科长的看法，认为此事必定能够办成。赵守义**困兽犹斗**，徒然拖延日子罢了。（茅盾《霜叶红似二月花》）

2. 厉兵秣马

出处：郑穆公使视客馆，则束载厉兵秣马矣。（《左传·僖公三十三年》）

释义：磨快兵器，喂饱马。指准备作战。

例句：对猎人来讲，也是应该**厉兵秣马**，准备逐鹿的时节来到了。（李国文《冬天里的春天》）

3. 尔虞我诈

出处：宋及楚平，华元为质。盟曰："我无尔诈，尔无我虞。"（《左传·宣公十五年》）

释义：彼此猜疑，互相欺骗。

例句：他看不惯旧官场中的宦海浮沉，**尔虞我诈**，从不趋炎附势。（张晓水等《回忆父亲张恨水先生》）

4. 言归于好

出处：凡我同盟之人，既盟之后，言归于好。（《左传·僖公九年》）

释义：彼此重新和好。

例句：只要大哥肯给他一笔钱，为请客之用，他就会很快的找到事作，而后夫妇就会**言归于好**。（老舍《四世同堂》）

成语常识（三）

成语的来源

总体上说，成语有以下几个主要来源：

1. 历史故事

有些成语是从历史事实来的，其中有的是把某一历史事件概括为成语，有的是截取或改变历史故事里的著名文句成为成语。例如：

"完璧归赵"，出自《史记·廉颇蔺相如列传》。这个历史故事的主人公是赵国的蔺相如，他发挥自己的聪明才智，把和氏璧完好地从强大的秦国带回赵国的都城，后来大家用这个成语比喻把物品完好地归还主人。

"闻鸡起舞"，出自《晋书·祖逖传》。这个历史故事的主人公是东晋时期有名的将军祖逖，他年轻的时候很有志气，非常勤奋，希望用心练武以保卫自己的祖国，因此每天凌晨听到鸡的叫声就会起来练剑，后来大家用这个成语形容有志报国的人及时奋起拼搏。

"一诺千金"，出自《史记·季布栾布列传》。这个历史故事的主人公是秦朝末年一个叫季布的人，他乐于助人，而且说话算话，只要是他答应过的事情，无论有多大困难，都会想办法做到。慢慢地，他的家乡开始流传着这样一句话："得黄金千两，不如得季布一诺。"后来大家用这个成语比喻说话算数，极有信用。

2. 寓言传说

古书里有一些含义深刻的寓言，也是成语的重要来源之一。这类成语往往有教训或讽喻的意味。例如：

"揠苗助长（拔苗助长）"，出自《孟子·公孙丑上》。故事的主人公是个农民，他希望自己田里的禾苗长快一点儿，于是天天到田边去看。可是，日子一天天过去了，禾苗好像一点儿也没有长高。他开始有些着急了，于是想了一个办法，他把禾苗一棵一棵往外拔，最后禾苗全都枯死了。后来大家用这个成语比喻违反事物的发展规律，急于求成，反而坏了事。

"对牛弹琴"，出自《理惑论》。故事的主人公是战国时期一个叫公明仪的音乐家，他弹琴弹得非常好，很多人都喜欢听他弹琴。有一天，他来到郊外，看到一头黄牛正在草地上低头吃草。公明仪给这头牛弹起了一首十分高雅的乐曲，弹了一段时间，可老黄牛无动于衷，只顾着低头吃草。公明仪又换了一首当时流行的乐曲，可老黄牛仍然毫无反应，继续悠闲地吃草。后来大家用这个成语比喻对不懂道理的人讲道理，对外行人说内行话，现在也用来讥笑说话的人不看对象。

"愚公移山",出自《列子·汤问》。故事的主人公叫愚公,他的家门前有太行、王屋两座大山,因此出行很不方便,于是愚公决定靠自己和家人的力量移去这两座山。他们不畏艰难,坚持不懈,挖山不止,最终感动了天帝,于是天帝帮愚公把山挪走了。后来人们用这个成语比喻做事有毅力、有恒心,不怕困难。

3. 古人原句

还有不少成语是直接从古书的原句截取而来的。例如:

"君子之交",出自《庄子·山木》:"且君子之交淡若水,小人之交甘若醴;君子淡以亲,小人甘以绝。"(君子之间的交情淡得像水一样清澈,小人之间的交往甜得像甜酒一样甘美。君子之交虽然平淡,但心地亲近,小人之交虽然过于亲密,但是容易断交。)形容贤者之间的交情,平淡如水,不尚虚华。

"水落石出",出自苏轼《后赤壁赋》:"山高月小,水落石出。"(从山下望去,山高高地耸立,天上的月亮小而明亮。水落下去,水底的石头就露出来了。)本来只是纯粹写景的句子,后用来比喻真相终于显露出来了。

"天长地久",出自《道德经》第七章:"天长地久,天地所以能长且久者,以其不自生,故能长生。"(天地长久地存在着,天地之所以能长久地存在,是因为它们不为了自己的生存而自然地运行着,因此能够长生。)本来是指跟天和地存在的时间那样长,后来人们用这个成语形容时间悠久,也形容永久不变(多指爱情)。

4. 改移古人句子

"不学无术",出自《汉书·霍光传》:"然光不学亡术,暗于大理。"(可是霍光不爱读书,不识大局。)本来是形容霍光不读书没学识,后来比喻没有学问,没有本领。

"捷足先登",出自司马迁《史记·淮阴侯列传》:"秦失其鹿,天下共逐之,于是高材疾足者先得焉。"(秦国的梅花鹿走失,天下的英雄都来追逐它,谁的个子高、腿长、跑得快,谁就抓到鹿了。)比喻行动敏捷的人优先达到目的。

"贻笑大方",出自《庄子·秋水》:"吾长见笑于大方之家。"本来是河伯到了无边无际的大海后,觉得自己见识不足而感慨,后来形容人见识短浅,让内行笑话。

5. 中国人民的口头创造

成语有很多都来源于老百姓的口头创造,其中有不少充满了口语色彩和生活气息。例如:

"囫囵吞枣",把一个枣直接咽下去,不加咀嚼,不辨滋味。比喻对事物不加分析思考,笼统地接受。

"装模作样",指故意做作,做出某种样子给人看。

6. 谚语俗语

有些成语是中国人口语中常用的谚语或俗语。例如:

"天下乌鸦一般黑",指同类事物的本质相同。比喻坏人坏事各地都差不多,到处都是一样黑暗。

"众人拾柴火焰高",大家都去拣柴,柴多,火就旺。比喻人多力量大。

7. 外来词语

有的成语是佛教等宗教传播带来的词语。例如:

"皆大欢喜",出自《金刚经·应化非真分》。本来是佛经结束时的套语,后用来形容大家都高兴、满意。

"一尘不染",出自《法苑珠林》,佛教认为色、声、香、味、触、法为六尘,比喻修道者达到真性清净,不被六尘所玷污就是"一尘不染"。现泛指丝毫不受坏思想、坏风气的影响,也用来形容非常干净、清洁。

第四篇　和谐篇

名人名言

美的真谛应该是和谐。这种和谐体现在人身上，就造就了人的美；表现在物上，就造就了物的美；融汇在环境中，就造就了环境的美。

——冰心

亲善产生幸福，文明带来和谐。

——［法］雨果

恶德——不和、战争、悲惨；美德——和平、幸福、和谐。

——［英］雪莱

学习目标 >>

1. 了解成语故事"同舟共济""同心同德"，并能够在生活中正确地使用这两个成语。
2. 理解"同舟共济""同心同德"这两则成语故事背后所体现的和谐观。
3. 掌握成语使用的基本常识。
4. 了解《孙子兵法》《尚书》。

课文一

同舟共济

春秋时期,吴国与越国位于今天的江苏省和浙江省一带。这两个国家由于位置相邻,常常发生矛盾,日子久了,老百姓彼此就好像仇人一样,见了面都互不理睬。

有一次,吴国人和越国人一起乘坐同一条船过河。刚上船的时候,大家都与平时一样互不理睬。后来,船到了河中间,刮起了一阵狂风,江面波涛汹涌,船开始摇晃起来,随时有可能倾覆。眼看船就要沉没了,此时,人们忘记了仇恨,相互帮助,联合起来共同抢救船只。由于全船人的齐心协力,最后战胜困难,安全到达了对岸。据说吴国人与越国人在经过这次事件后,关系变得越来越好了。

有人问孙武:"怎样指挥军队才能不被敌人打败呢?"孙武说:"你如果打蛇的脑袋,它会用尾巴反击你;你如果打蛇的尾巴,它又会用头部来袭击你;你如果打蛇的腰部,它就会用头尾一起袭击你。所以,善于指挥军队的人,要把军队摆成像蛇一样的阵势,头尾能互相救援,让全军形成一个整体,前、中、后彼此照顾,才不会被敌人打败。"

那人又产生了疑问:"怎样才能让士兵像蛇一样,头尾彼此照顾呢?"孙武说:"这是不必担心的事情。战场是生死之地,战争使得军队必须齐心协力。比如吴国和越国,平时两个国家的老百姓都彼此充满仇恨。但当他们一起乘上一条船,遇到狂风大浪时,他们就会忘记仇恨,齐心协力以避免船翻人亡的危险。连仇人在危险的时候都能同舟共济,何况是没有仇恨却有兄弟之情的士兵们呢?所以军队必然会像蛇一样成为一个整体,头尾互相照顾、彼此救援的。"

那个人听了孙武的解释之后,觉得非常有道理,十分佩服孙武的军事才能。

"同舟共济"本来指在狂风大浪中共同乘坐一条船过河,一起与风雨作战。后来,人们用"同舟共济"形容共同经历患难。

(故事来源:孙武《孙子兵法·九地篇》)

生词 New Words

1. 同舟共济　tóngzhōu-gòngjì　　　　　to pull together in times of trouble
2. 一带　　　yídài　　　　　(名)　area
3. 理睬　　　lǐcǎi　　　　　(动)　to take notice of
4. 狂风　　　kuángfēng　　　(名)　fierce wind

5. 波涛汹涌	bōtāo-xiōngyǒng		choppy
6. 摇晃	yáohuàng	（动）	to shake
7. 沉没	chénmò	（动）	to sink
8. 联合	liánhé	（动）	to unite
9. 抢救	qiǎngjiù	（动）	to salvage
10. 齐心协力	qíxīn-xiélì		make concerted efforts
11. 对岸	duìàn	（名）	the other side of the river
12. 反击	fǎnjī	（动）	to strike back
13. 袭击	xíjī	（动）	to attack
14. 指挥	zhǐhuī	（动）	to command
15. 阵势	zhènshì	（名）	battle array
16. 救援	jiùyuán	（动）	to rescue
17. 军事	jūnshì	（名）	military
18. 患难	huànnàn	（名）	adversity

专有名词 Proper Nouns

1. 吴国	Wúguó	Wu State in the Spring and Autumn period
2. 越国	Yuèguó	Yue State in the Spring and Autumn period
3. 江苏省	Jiāngsū Shěng	Jiangsu Province
4. 浙江省	Zhèjiāng Shěng	Zhejiang Province
5. 孙武	Sūn Wǔ	a strategist in the Warring States period

成语今用 Modern Usage

（1）如果没有众多员工和企业**同舟共济**，如果不是大家心往一处想、劲往一处使，企业常常搞不好甚至走不远。改革开放40年来，也有一些企业昙花一现，不是这些企业家个人能力不行，不少是输在企业的凝聚力上。

（摘自《人民日报》《让员工和企业同舟共济》2018年6月4日）

（2）如今，上海合作组织更是倡导共同、综合、合作、可持续的新安全观，在"上海精神"指引下，**同舟共济**，精诚合作，齐心协力构建上海合作组织命运共同体。

（摘自《人民日报》《为构建新型国际关系注入强大动力》2018年7月9日）

练习 Practice

一、答一答　Let's Answer

根据课文内容回答下面的问题。

1. 吴国人和越国人为什么常常发生矛盾？
2. 吴国人和越国人刚上船时关系怎么样？
3. 河上刮起狂风之后，吴国人和越国人是怎么做的？
4. 孙武认为指挥军队时怎样做才不会被打败？
5. 为什么孙武认为军队的士兵会像蛇一样头尾互相照顾？
6. 现在人们常用"同舟共济"这个成语来形容什么？

二、查一查　Look Up the Words

查词典，解释下面的成语，并找出"同舟共济"的近义词与反义词，填到下面的表格里，再给每一个成语造一个句子。

| 休戚与共 | 背信弃义 | 兔死狗烹 |
| 同室操戈 | 同甘共苦 | 风雨同舟 |

近义词	反义词

1. 休戚与共

_____

2. 背信弃义

_____

3. 兔死狗烹

_____

4. 同室操戈

_____

5. 同甘共苦

6. 风雨同舟

补充知识 Supplementary Information

孙武与《孙子兵法》

孙武（约公元前545—约公元前470），春秋时期著名军事家，被后人尊称为孙子、孙武子、兵圣。他领兵打仗，战无不胜，著有《孙子兵法》，为后世兵家推崇。

《孙子兵法》又称《孙武兵法》《吴孙子兵法》《孙子兵书》《孙武兵书》等，共6000字左右，一共13篇，是中国现存最早的兵书，也是世界上最早的军事著作，被誉为"兵学圣典"。

《孙子兵法》有丰富的辩证法思想，书中探讨了与战争有关的一系列矛盾的对立和转化，如敌我、主客、众寡、强弱、攻守、胜败、利害等。它所阐述的谋略思想和哲学思想，被广泛地运用于军事、政治、经济等各领域中。

在现代，《孙子兵法》已不再局限于军事著作的范畴，它还被广泛运用于社会生活的方方面面，给人们提供了许多思考问题与解决问题的方法。

《孙子兵法》是中国古代军事文化遗产中的璀璨瑰宝，内容博大精深，逻辑缜密严谨，是古代军事思想精华的集中体现。如今，《孙子兵法》已经走向世界，它被翻译成多种语言，在世界军事史上有重要的地位。

《孙子兵法》中的成语

今天我们使用的不少成语出自《孙子兵法》，例如：

1. 不败之地

出处：故善者，立于不败之地，而不失敌之败也。（《孙子兵法·形篇》）

释义：由于占据优势而不会陷入挫败的境地。

例句：为要保全自己或使自己所得之利更大些，当然要把自己立于**不败之地**，而以权术待人了。（郭沫若《稷下黄老学派的批判》）

2. 出其不意

出处：攻其无备，出其不意。（《孙子兵法·计篇》）

释义：原来指作战时，在对方料想不到或没有准备时进行突然袭击，现在泛指出乎别人意料之外。

例句：琴**出其不意**地敲了一下淑华的头，笑骂道："三丫头，你那嚼舌头的病又发作了，是不是？"（巴金《秋》）

3. 以逸待劳

出处：以近待远，以佚（逸）待劳，以饱待饥，此治力者也。（《孙子兵法·军争篇》）

释义：多指作战时自己充分休息，养精蓄锐，等待敌人疲劳后，乘机出击制胜。

例句：依我愚见，目前就抽出一支精兵，开赴陈留附近，或陈留与通许之间，**以逸待劳**，使左军不能直达开封城外。（姚雪垠《李自成》）

4. 死而复生

出处：死而复生，四时是也。（《孙子兵法·势篇》）

释义：死去了又活过来，形容生命不息。

例句：母亲死去已经三年，**死而复生**的只有这些乱草，和我们相依为命的母亲却是永远不再回来。（郭沫若《棠棣之花》）

课文二

同心同德

商纣王是商朝的最后一个君主，他身材高大、博闻广见、思维敏捷。商纣王曾经是一位很有作为的君主，但是，在他当君主的后期，生活越来越奢侈腐败。商纣王宠爱苏妲己，听信苏妲己的话，谁要敢反对自己，就会被挖心或遭受火烙之刑。他不关心国家大事，整天寻欢作乐，荒淫无道，最终导致老百姓怨声载道，民不聊生。

由于老百姓都没有办法继续生活下去了，周武王决定讨伐他，在盟津与诸侯们聚集起来，举行了誓师大会，史称"盟津之誓"。

周武王说："大家听我说！善良的人做善事，只担心时间不够用。凶恶的人做起坏事来，也担心时间不够用。现在商纣王荒淫无道，把大臣当成盗贼，把朋友当成敌人。商纣王说自己代表了天，作恶多端，却什么都不害怕。老百姓没有办法，只能求上天让自己远离纣王。现在商纣王虽然有千万个奴隶，但是他们思想与信念都不统一；我们虽然人很少，但是思想与信念都非常一致。我相信上天一定会看见百姓的心愿，也一定会听到百姓的声音。我们一起为老百姓讨伐商纣王吧！"

两年后，周武王的军队在朝歌南边的牧野与商纣王的军队展开了战斗，这就是历史上著名的"牧野之战"。周武王的军队打败了强大的商朝军队，商纣王自杀，商朝终于灭亡了。商纣王与人民离心离德，终于导致了灭亡；周武王与人民同心同德，取得了最后的胜利。

后来，人们用"同心同德"形容大家为了同一个心愿或目的而努力。

（故事来源：《尚书·泰誓》）

生词 New Words

1. 同心同德 tóngxīn-tóngdé   be of one heart and one mind
2. 博闻广见 bówén-guǎngjiàn   knowledgeable
3. 敏捷   mǐnjié   （形） agile
4. 作为   zuòwéi   （名） achievements
5. 奢侈   shēchǐ   （形） extravagant
6. 腐败   fǔbài   （形） corrupt
7. 宠爱   chǒng'ài   （动） to love ardently
8. 烙   lào   （动） burn

9.	寻欢作乐	xúnhuān-zuòlè		pursue pleasure
10.	荒淫无道	huāngyín-wúdào		profligate and devoid of principles
11.	怨声载道	yuànshēng-zàidào		complaints are heard everywhere
12.	民不聊生	mínbùliáoshēng		people have nothing to depend on for their living
13.	讨伐	tǎofá	（动）	to crusade against
14.	誓师	shìshī	（名）	oath-taking rally
15.	盗贼	dàozéi	（名）	thief
16.	作恶多端	zuòè-duōduān		do all kinds of evil
17.	奴隶	núlì	（名）	slave
18.	信念	xìnniàn	（名）	belief

专有名词 Proper Nouns

1.	商纣王	Shāng Zhòu Wáng	the last king of the Shang Dynasty
2.	商朝	Shāngcháo	Shang Dynasty
3.	苏妲己	Sū Dájǐ	an imperial concubine of the last king of the Shang Dynasty
4.	周武王	Zhōu Wǔ Wáng	King Wu of the Zhou Dynasty
5.	盟津	Méngjīn	name of a place which was a port of Yellow River in the ancient time
6.	盟津之誓	Méngjīnzhīshì	the Oath in Mengjin
7.	朝歌	Cháogē	the capital of the Shang Dynasty
8.	牧野	Mùyě	a place near the capital of the Shang Dynasty
9.	牧野之战	Mùyězhīzhàn	Battle of Muye

成语今用 Modern Usage

（1）2016年9月15日，驻奥什总领事宋利群应邀出席在奥什国立大学举办的吉尔吉斯斯坦2016年国家"历史文化年"活动之一"对话丝绸之路：**同心同德**，共建未来"国际研讨会。

（摘自外交部官网《驻奥什总领事宋利群出席"对话丝绸之路：同心同德，共建未来"国际研讨会》2016年9月18日）

（2）中国驻德国大使史明德发表题为《**同心同德，破浪前行**》的文章，高度评价中德两国关系。

（摘自新华社《中国驻德国大使撰文高度评价中德两国关系》2017年5月30日）

练习 Practice

一、答一答 Let's Answer

根据课文内容回答下面的问题。

1. 为什么商朝的老百姓怨声载道，民不聊生？
2. 周武王为什么决定讨伐商纣王？
3. "盟津之誓"指的是什么事件？
4. 周武王是怎么鼓励人们讨伐商纣王的？
5. "牧野之战"指的是什么事件？
6. 现在人们常用"同心同德"这个成语来形容什么？

二、查一查 Look Up the Words

查词典，解释下面的成语，并找出"同心同德"的近义词与反义词，填到下面的表格里，再给每一个成语造一个句子。

众志成城　　　　各行其是　　　　患难与共
同心协力　　　　分崩离析　　　　貌合神离

近义词	反义词

1. 众志成城

2. 各行其是

3. 患难与共

4. 同心协力

_____

5. 分崩离析

_____

6. 貌合神离

_____

补充知识 Supplementary Information

《尚书》

《尚书》是中国第一部上古历史文件和部分追述古代事迹著作的汇编，它保存了商周特别是西周初期的一些重要史料。

《尚书》相传是由孔子编撰而成的，但有些篇目是后来补充进去的。西汉初存29篇，因用汉代通行的文字隶书抄写，称《今文尚书》。另有相传在汉武帝时从孔子住宅壁中发现的《古文尚书》（现只存篇目和少量佚文，比《今文尚书》多16篇）和东晋梅赜所献的伪《古文尚书》（比《今文尚书》多25篇）。

《尚书》收录的是虞、夏、商、周各代典、谟、训、诰、誓、命等文献。其中虞、夏及商代部分文献是据传闻而写成的，不尽可靠。"典"是重要史实或专题史实的记载；"谟"是记君臣谋略的；"训"是臣开导君主的话；"诰"是勉励的文告；"誓"是君主训诫士众的誓词；"命"是君主的命令。

《尚书》主要记录虞、夏、商、周各代一部分帝王的言行。它最引人注目的思想倾向是以天命观念解释历史兴亡，为现实提供借鉴。这种天命观念具有理性的内核：一是敬德，二是重民。

尽管《尚书》的文字诘屈艰深，晦涩难懂，但它是中国古代散文已经形成的标志。

《尚书》中的成语

《尚书》中的部分语句也逐渐成为我们耳熟能详的成语，例如：

1. 暴殄天物

出处：今商王受无道，暴殄天物，害虐烝民。（《尚书·武成》）

释义：原来指残害灭绝各种生物，后来指任意糟蹋东西。

例句：我的饥饿感，被对这个馒馒的珍惜抑制住了。我甚至觉得有点"**暴殄天**

物"，我的肚皮，是随便什么都可以填满的，何必要吃这么贵重的食品呢？（张贤亮《绿化树》）

2. 功亏一篑

出处：为山九仞，功亏一篑。（《尚书·旅獒》）

释义：堆九仞高的土山，只差一筐土而不能完成。比喻一件大事只差最后一点人力物力而没有成功。

例句：你平时做人的那种自信，那种勇气，那种毅力都跑到哪儿去了？你难道想**功亏一篑**，抱恨终身吗？（蒋子龙《弧光》）

3. 克勤克俭

出处：克勤于邦，克俭于家。（《尚书·大禹谟》）

释义：既能勤劳，又能节俭。

例句：全馆人员对他的品评，一致认为他谦虚谨慎，**克勤克俭**，有过乃父汪汉老。（陶菊隐《记者生活三十年》）

4. 玩物丧志

出处：玩人丧德，玩物丧志。（《尚书·旅獒》）

释义：沉迷于玩赏所喜好的事物而消磨掉志气。

例句：安老爷看见了，大为不悦，认为有风花雪月**玩物丧志**的嫌疑。（张爱玲《必也正名乎》）

成语常识（四）

成语的使用

在现代汉语中，成语的使用与一般的汉语词汇一样，可以充当句子里的主要成分，包括主语、谓语、宾语、定语、状语、补语等。

1. 作主语

例1：这些不登大雅之堂的**雕虫小技**，实无集印之必要，最好像鲁迅先生所说的，让它随风而逝吧。（曹靖华《飞花集·谈散文》）

例2：十分明显，蔡先生的**"兼容并包"**，并不是一揽子全包，而主要是罗致具有先进思想的新派人物。（牟小东《可贵的师生情谊——记蔡元培和许德珩》）

2. 作谓语

例1：母亲又不断来信……说大哥做了村干部，二哥也回来了，他们的孩子都入了学校，读了书，叫我一定要回来看一看，我还是**将信将疑**。（冰心《在火车上》）

例2：40年代中国学者在美国大学里教书，很少能取得教授的地位，能被聘为终身职教授的**屈指可数**。（费孝通《访美掠影》）

3. 作宾语

例1：我觉得你所从朋友和报上得来的，多是些无关大体的无聊事，这是堕落文人的**搬弄是非**，只能令人变小。（鲁迅《致时玳》）

例2：要教人以**"不贪为宝"**，思想教育要切实管用。（光明日报《教人"以不贪为宝"》2013年5月13日）

4. 作定语

例1：你们是基层的普通一兵，然而你们是**顶天立地**的英雄。（丁玲《沉痛地告别过去，勇敢地面对未来》）

例2：那年冬天，祖母死了，父亲的差事也交卸了，正是**祸不单行**的日子。（朱自清《背影》）

5. 作状语

例1：高淑英正坐在窗前一把乌木靠背椅上，手里拿了一本书**聚精会神**地读着。（巴金《春》）

例2：你像一根火柴，给一些人带来光与热，自己却是卑微地毁去；你虽然**默默无闻**地过了一生，可是你并没有白活。（巴金《纪念我的哥哥》）

6. 作补语

例1：事情解决得这么顺利，又这么**轻而易举**，不由得周炳心中生出一种感激之情。（欧阳山《三家巷》）

例2：画家工作室杂乱无章，护士则按照查病房的习惯，成天要他把颜料、画布都像针管、药瓶那么摆得**井井有条**。（萧乾《终身大事》）

第五篇　自由篇

名人名言

囊括大典，网罗众家；思想自由，兼容并包。

——蔡元培

我们是法律的仆人，以便我们可以获得自由。

——[古罗马] 西塞罗

只要不违反公正的法律，那么人人都有完全的自由以自己的方式追求自己的利益。

——[英] 亚当·斯密

学习目标 >>

1. 了解成语故事"百家争鸣""优哉游哉"，并能够在生活中正确地使用这两个成语。
2. 理解"百家争鸣""优哉游哉"这两则成语故事背后所体现的自由观。
3. 了解一些与动物有关的成语。
4. 了解《汉书》《庄子》。

课文一

百家争鸣

"百家争鸣"本来指春秋时期和战国时期不同学派许多优秀学者、思想家涌现及各个学派百花齐放的局面。

春秋战国时期,各个阶层之间的斗争复杂而又激烈。代表不同阶层与不同政治力量的学者与思想家,都希望按照本阶层或本集团的利益和要求,对宇宙、社会、万事万物作出解释或提出主张。他们著书立说,广收徒弟,互相辩论,于是出现了"百家争鸣"的局面。

所谓"百家",即"诸子百家",是对春秋、战国时期各种学术流派的总称。主要有儒家、墨家、道家和法家,其次有阴阳家、杂家、名家、纵横家、兵家、小说家等。

儒家的创始人是孔子,春秋后期鲁国人。他的理论核心是"仁",而体现仁的制度或行为的准则是"礼"。到了战国中期,孟子成为儒家代表人物。此外,儒家的代表人物还有荀子。

墨家学派创始人是墨子,战国初期鲁国人。墨子的主张和儒家是相对的。他们主张任用官员要重视才能,打破旧的等级观念。

道家学派的创始人是老子,春秋后期楚国人。道家在战国时期的代表人物是庄子。

法家学派早期代表人物有李悝、吴起、商鞅等人,后期的代表人物是韩非子。

春秋战国时期的"百家争鸣"反映了当时社会政治斗争的激烈与复杂,这个时期也是中国学术文化、思想道德发展的重要阶段,产生的文化思想对后来的中国社会有着深刻的影响。

后来,人们用"百家争鸣"形容允许各种学术流派或不同群体自由争论。

(故事来源:班固《汉书·艺文志·诸子略》)

生词 New Words

1. 百家争鸣　　bǎijiā-zhēngmíng　　　　　　Contention of a Hundred Schools of Thought
2. 学派　　　　xuépài　　　　　（名）　school of thought
3. 涌现　　　　yǒngxiàn　　　　（动）　to spring up
4. 百花齐放　　bǎihuā-qífàng　　　　　　　all flowers bloom together
5. 局面　　　　júmiàn　　　　　（名）　situation
6. 阶层　　　　jiēcéng　　　　　（名）　stratum

7.	集团	jítuán	（名）	group
8.	宇宙	yǔzhòu	（名）	universe
9.	徒弟	túdì	（名）	apprentice
10.	辩论	biànlùn	（动）	to debate
11.	创始人	chuàngshǐ rén	（名）	founder
12.	核心	héxīn	（名）	core
13.	准则	zhǔnzé	（名）	standard
14.	学术文化	xuéshù-wénhuà	（名）	academic culture
15.	阶段	jiēduàn	（名）	stage
16.	流派	liúpài	（名）	school

专有名词 Proper Nouns

1.	诸子百家	Zhūzǐ-Bǎijiā	philosophies and schools that flourished from the 6th century to 221 B. C. during the Spring and Autumn period and the Warring States period of ancient China
2.	儒家	Rújiā	Confucianism
3.	墨家	Mòjiā	Mohism
4.	道家	Dàojiā	Taoism
5.	法家	Fǎjiā	Legalism
6.	阴阳家	Yīnyángjiā	School of Yin-Yang
7.	杂家	Zájiā	the School of Miscellany
8.	名家	Míngjiā	Logicians
9.	纵横家	Zònghéngjiā	the School of Diplomacy
10.	兵家	Bīngjiā	the School of the Military
11.	小说家	Xiǎoshuōjiā	the School of "Minor-talks"
12.	孔子	Kǒngzǐ	Confucius—a Chinese philosopher and politician
13.	鲁国	Lǔguó	Lu State in the Spring and Autumn period
14.	孟子	Mèngzǐ	Mencius—a Chinese Confucian philosopher who has often been described as the "Second Sage" of Confucianism
15.	荀子	Xúnzǐ	a Chinese Confucian philosopher
16.	墨子	Mòzǐ	a Chinese Mohism philosopher
17.	楚国	Chǔguó	Chu State in the Warring States period

18. 庄子	Zhuāngzǐ	a Chinese Taoism philosopher
19. 李悝	Lǐ Kuī	a Chinese Legalism philosopher
20. 吴起	Wú Qǐ	a Chinese military leader and Legalism philosopher
21. 韩非子	Hán Fēizǐ	Han Feizi—a Chinese Legalism philosopher

成语今用 Modern Usage

（1）迈入 11 月，国内马拉松赛事迎来爆发季。过去的两三个周末里，杭州马拉松、上海马拉松相继开跑，这两场中国田协认证的金标赛事吸引了超过 6 万跑者竞逐。而长沙马拉松、南昌马拉松、绍兴马拉松、南京高淳马拉松等赛事也同期开跑，呈现**百家争鸣**之势。

（摘自新浪体育《马拉松：如何从百家争鸣中脱颖而出？》）2017 年 11 月 21 日

（2）在国内，海尔和美的等传统厂商多年前就向智能化方向转型，并吸引 BAT 等互联网企业，以及华为和小米等手机厂商纷纷布局，掘金这个拥有万亿规模的市场。至此，已经形成**百家争鸣**态势。

（摘自搜狐网《亚马逊升级语音助手 Alexa，瞄准智能家居市场！》）2018 年 9 月 27 日

练习 Practice

一、答一答　Let's Answer
根据课文内容回答下面的问题。
1. "百家争鸣"本来的意思是什么？
2. 为什么春秋战国时期许多不同学派的学者与思想家对宇宙、社会、万事万物作出解释或提出主张？
3. 什么是"诸子百家"？
4. 儒家思想的理论核心是什么？
5. 墨家学者的主张主要是什么？
6. 现在人们常用"百家争鸣"这个成语来形容什么？

二、查一查　Look Up the Words
查词典，解释下面的成语，并找出"百家争鸣"的近义词与反义词，填到下面的表格里，再给每一个成语造一个句子。

| 百花齐放 | 噤若寒蝉 | 畅所欲言 |
| 一家之言 | 各抒己见 | 万马齐喑 |

近义词	反义词

1. 百花齐放

_____

2. 噤若寒蝉

_____

3. 畅所欲言

_____

4. 一家之言

_____

5. 各抒己见

_____

6. 万马齐喑

_____

补充知识 Supplementary Information

《汉书》

《汉书》，又称《前汉书》，由东汉史学家班固编撰，前后历时20余年，是"二十四史"① 之一。

《汉书》是继《史记》之后的又一部重要史书。《汉书》与《史记》都是纪传体史书，但不同的是，《史记》起于传说"三皇五帝"，止于汉武帝时代，是一部纪传体通

---

① "二十四史"是中国古代各朝撰写的二十四部史书的总称，被历来的朝代纳为正统的史书，因此又称"正史"。

史，而《汉书》则是专门记录西汉一代史事的断代史。《汉书》作为中国第一部纪传体断代史，主要记述了上起西汉的汉高祖元年（公元前206年），下至新朝王莽地皇四年（23年）共230年的历史。

《汉书》开创了我国断代纪传体史书体例，在体例上，大多承袭《史记》，只是改"书"为"志"，把"世家"并入"列传"，一共包括本纪12篇，表8篇，志10篇，传（即"列传"）70篇，共100篇，全书共80余万字。以后历代的"正史"都采用了《汉书》这种体裁。这也是班固与其《汉书》对中国史学的重大贡献。

《汉书》的十志之一《艺文志》著录了西汉时国家收藏的各类图书，是中国现存最早的一部文献目录，考证了各种学术别派的源流，记录了存世的书籍，是今人了解上古到西汉末年这一时期学术文化发展变化的重要资料，也是研究先秦与秦汉文化学术史的重要参考。

《汉书》中的成语

今天我们常用的很多成语都源自班固的《汉书》，例如：

1. 按图索骥

出处：今不循伯者之道，乃欲以三代选举之法取当时之士，犹察伯乐之图，求骐骥于市，而不可得，亦已明矣。（《汉书·梅福传》）

释义：按照画像去寻找好马。泛指按照线索寻找目标，也比喻按照死规矩机械、呆板地做事。

例句：他设法探得法官家的地址，**按图索骥**去找他。（邹韬奋《萍踪寄语》）

2. 长治久安

出处：建久安之势，成长治之业。（《汉书·贾谊传》）

释义：指社会秩序长期安定太平。

例句：政法机关全面打击各种违法犯罪活动，着力加强基层矛盾风险综合防控化解能力，不断筑牢人民安居乐业、国家**长治久安**的社会根基。（《中国青年报》《为国家长治久安人民安居乐业不懈奋斗》2019年1月16日）

3. 哗众取宠

出处：然惑者既失精微，而辟者又随时抑扬，违离道本，苟以哗众取宠。（《汉书·艺文志》）

释义：用言论行动迎合众人，以博得好感或拥护。

例句：他其实只会做几首谈情说爱的山歌，时而说些**哗众取宠**的大话罢了，并没有什么大本领。（郭沫若《屈原》）

4. 雷霆万钧

出处：雷霆之所击，无不摧折者；万钧之所压，无不糜灭者。(《汉书·贾山传》)

释义：形容威力极大。

例句：要紧的是调集一切可调集的兵员，以**雷霆万钧**攻势，先解决了左良玉。（谷斯范《新桃花扇》）

课文二

优哉游哉

庄子是著名的思想家、哲学家和文学家,他知识渊博,认为人生应该追求自由。

有一天,庄子在濮水边上钓鱼,楚威王派来两位大臣,想邀请庄子去做楚国的宰相。

当两位大臣说明了来见庄子的原因后,庄子并没有理睬他们,而是悠闲地继续钓着鱼。两位大臣非常疑惑,于是又问了一遍。

庄子一边握着鱼竿,一边问那两位大臣:"我听说你们国家有只神龟,已经死了三千年了,你们的君主一直用盒子装着它的骨头,把它供奉在庙堂上。你们觉得那只神龟是愿意死了让大家供奉它,还是愿意活着自由自在地摇着尾巴在地上到处爬呢?"

两位大臣听了,都不假思索地说:"当然是愿意活着自由自在地摇着尾巴在地上爬啦!"

庄子说:"是啊!所以你们回去吧!我也愿意在地上自由自在地走。"

庄子用神龟的比喻告诉我们,人生应该按照自己喜欢的方式生活和工作。庄子的这种人生态度,正如《诗经》所言:"优哉游哉,亦是戾矣。"

现在,人们常用"优哉游哉"形容逍遥自在地生活。

(故事来源:《庄子·秋水》)

生词 New Words

1.	优哉游哉	yōuzāi-yóuzāi		living a life of ease and leisure
2.	文学家	wénxuéjiā	(名)	litterateur
3.	渊博	yuānbó	(形)	broad and profound
4.	钓	diào	(动)	to fish
5.	悠闲	yōuxián	(形)	leisure
6.	疑惑	yíhuò	(形)	puzzled
7.	神龟	shénguī	(名)	supernatural tortoise
8.	供奉	gòngfèng	(动)	to worship
9.	庙堂	miàotáng	(名)	temple
10.	不假思索	bùjiǎ-sīsuǒ		without thinking
11.	比喻	bǐyù	(名)	metaphor

专有名词 Proper Nouns

1. 濮水　　　　Púshuǐ　　　　　　name of a river in the ancient time
2. 楚威王　　　Chǔ Wēi Wáng　　　King Wei of Chu State in the Warring States period
3. 《诗经》　　Shījīng　　　　　　 the *Book of Songs*

成语今用 Modern Usage

（1）众所周知的是，作为一种极具地域特色的民俗，"功夫茶"一贯被视作杀时间的利器、慢生活的代表。对此，民众乐在其中固然无可厚非，但是公职人员在上班场所**优哉游哉**地泡茶、品茶，或许就显得不合时宜。从某种意义上说，职能部门出手大力清理功夫茶具，就是清理一种慵懒懈怠的风气。

（摘自《人民日报》《公职人员，"功夫茶"不是让你们优哉游哉上班喝的!》2018年3月26日）

（2）今年，第四届漫步经典将继续带来六场主题鲜明、风格别致的音乐会，将让观众在闲适愉悦的氛围中"**优哉游哉**"听古典。

（摘自搜狐娱乐《国家大剧院漫步经典音乐会　邀您优哉游哉听古典》2012年6月26日）

练习 Practice

一、答一答　Let's Answer
根据课文内容回答下面的问题。
1. 为什么楚威王要派两位大臣见庄子？
2. 庄子拒绝楚威王的邀请时用了什么比喻？
3. 庄子希望过什么样的人生？
4. 现在人们常用"优哉游哉"这个成语来形容什么？

二、查一查　Look Up the Words
查词典，解释下面的成语，并找出"优哉游哉"的近义词与反义词，填到下面的表格里，再给每一个成语造一个句子。

逍遥自在　　　　谨小慎微　　　　提心吊胆
安闲自得　　　　束手束脚　　　　无拘无束

近义词	反义词

1. 逍遥自在
   _____

2. 谨小慎微
   _____

3. 提心吊胆
   _____

4. 安闲自得
   _____

5. 束手束脚
   _____

6. 无拘无束
   _____

补充知识 Supplementary Information

《庄子》

《庄子》是道家的代表著作，作者为战国中期的庄子（约公元前369—公元前286）及其门人和后学。到了汉代以后，人们尊称庄子为南华真人，《庄子》则被尊为《南华经》，与《老子》《周易》合称"三玄"。根据《汉书·艺文志》记载，《庄子》本应有52篇，今存33篇，其中内篇7篇，外篇15篇，杂篇11篇。

《庄子》主要反映了庄子的哲学、艺术、美学、审美观等，内容丰富，博大精深，涉及哲学、人生、政治、社会、艺术、宇宙生成等各个方面。

全书以"寓言""重言""卮言"为主要表现形式，继承了老子学说，又发展了新说。庄子的文章想象奇幻，构思巧妙，思想丰富，意境悠远，是先秦诸子文章的典范之作。庄子的语言看起来似乎漫无边际，充满奇思妙想，但是都有其根基。

《庄子》所体现的批判哲学思想博大精深，是我国古代典籍中的瑰宝。在哲学思想、文学语言、艺术审美等各个方面都给中国历代的思想家、文学家和艺术家以深刻的影响，在我国思想史、文学史、美学史、艺术史、审美史上都占有极其重要的地位。

《庄子》中的成语

《庄子》运用大量奇幻的寓言故事，将微妙难懂的哲学道理说得引人入胜，这些寓言故事在今天都已经成为常用的成语，例如：

1. 白驹过隙

出处：人生天地之间，若白驹之过郤（通"隙"），忽然而已。（《庄子·知北游》）

释义：白马在细小的缝隙前一闪而过，形容时间过得飞快。

例句：时光真好像是"**白驹过隙**"，十五六年匆匆过去了。（李霁野《岳麓山和橘子洲头》）

2. 沉鱼落雁

出处：毛嫱、丽姬，人之所美也；鱼见之深入，鸟见之高飞，麋鹿见之决骤。四者孰知天下之正色哉？（《庄子·齐物论》）

释义：鱼见之沉入水底，雁见之降落沙洲。形容女子容貌极其美丽动人。

例句：母亲没有骗他，这位格格明眸皓齿，**沉鱼落雁**！（琼瑶《雪珂》）

3. 井底之蛙

出处：井蛙不可以语于海者，拘于虚也；夏虫不可以语于冰者，笃于时也。（《庄子·秋水》）

释义：井底下的青蛙只能看到井口那么大的一块天。比喻见识狭小的人。

例句：但立即我知道我真是**井底之蛙**。地大物博的中国，理合是无奇不有，何况又在"非常时期"。（茅盾《旅途见闻》）

4. 朝三暮四

出处：狙公赋芧，曰："朝三而暮四。"众狙皆怒。曰："然则朝四而暮三。"众狙皆悦。名实未亏而喜怒为用，亦因是也。（《庄子·齐物论》）

释义：原来比喻聪明人善于使用手段，愚笨的人不善于辨别事情，后来形容反复无常。

例句：现代女子有的是独立自主的人格，决不甘忍受**朝三暮四**的欺骗。（茅盾《夏夜一点钟》）

成语常识（五）

与动物有关的成语

汉语成语有许多是跟动物相关的，这些成语在一定程度上反映出中国人对动物的态度，对于不同的动物，人们的喜好程度有所不同。下面将介绍与几种常见动物相关的成语。

1. 马

（1）伯乐相马

释义：指春秋时期的伯乐善于发现千里马。比喻有眼力的人善于发现和荐举人才。

例句："你为什么不力荐谢光呢？他可是你的第一副厂长啊。为什么偏偏相中了我这个小小的技术科长？你可真是**伯乐相马**啊！你是不是看我向大跃特傻啊？"（谈歌《雪崩》）

（2）龙马精神

释义：龙马：传说中形象像龙的骏马，有龙马般的好精神。现在用来比喻人健旺的精神。

例句：她在周家神厅里……见那些大哥哥还在**龙马精神**地说话，她也听不出味道，就打了两个呵欠，悄悄溜了出来。（欧阳山《三家巷》）

（3）马到功成

释义：战马一到就取胜，形容事情顺利，刚开始就取得成功。

例句："你这常胜将军亲自出马，必定会**马到功成**。"（蒋子龙《乔厂长上任记》）

2. 羊

（1）顺手牵羊

释义：顺手牵走人家的羊。指顺便拿走人家的东西。比喻不专门费力，顺便达到某个目的。

例句："那我把你身上的衣裳拿了，你也可以说是**顺手牵羊**吗？"（艾芜《月夜》）

（2）羊入虎口

释义：羊落到了虎口里。比喻弱者落入险境，有死无生。

例句：中石化销售公司增资扩股"应者云集"，认为这是"吃肉喝汤"的难得时机，但也有民营企业家认为，进入国企说不定就"**羊入虎口**"了。（摘自新浪财经《混改担忧：国企高管称使用民资风险大，民企忧羊入虎口》2014年10月27日）

（3）亡羊补牢

释义：羊丢了再修补羊圈。比喻受到损失之后想办法补救，免得以后再受类似的损失。

例句：急时抱佛脚，也许还有一堆"**亡羊补牢**、教学相长"的教训。（钱锺书《围城》）

3. 狗

（1）鸡鸣狗盗

释义：借指微不足道的技能，泛指小偷小摸等不正当的行为。

例句："我知道这种女人路数多，有时用得着她们，这就是孟尝君结交**鸡鸣狗盗**的用意。"（钱锺书《围城》）

（2）狗急跳墙

释义：比喻走投无路时不顾一切、不择手段地行动。

例句：敌人**狗急跳墙**，并不死心。（杨朔《北线》）

（3）狐朋狗友

释义：比喻品行不端、不务正业的朋友。

例句：工夫不大，天就到了正晌午，刁世贵的**狐朋狗友**差不多都来了。（刘流《烈火金刚》）

4. 鼠

（1）胆小如鼠

释义：胆子小得像老鼠一般。形容人胆小怕事。

例句：老二的**胆小如鼠**，并不是使老大看不起他的原因。（老舍《四世同堂》）

（2）鼠目寸光

释义：像老鼠的目光，只能看到一寸远的地方，形容目光短浅，没有远见。

例句：一个正直的、有良心的作家，绝不是一个**鼠目寸光**、胆小怕事的人。（巴金《探索与回忆·文学生活五十年》）

（3）投鼠忌器

释义：想用东西打老鼠，又担心打坏了老鼠旁边的器物。比喻想打击坏人但是又有所顾忌。

例句：这里反映了自己世界观的锻炼、改造不够，自己对生活和艺术的把握不够，并反映了自己的苦闷还包含着对创作的**投鼠忌器**和担心受到批评的顾虑。（康濯《我这三十年》）

5. 蛇

（1）打草惊蛇

释义：打的是草，可惊动了藏在草丛里的蛇。

例句：既然他已同意不打荆州了，这就好办了。何必**打草惊蛇**呢？（蒋和森《黄梅雨·一只飘到江心的船》）

（2）虎头蛇尾

释义：头大得像老虎一样，尾巴却像蛇一样细。比喻做事有始无终，一开始声势很大，后来劲头却很小。

例句：我要一悲观消极，准像人们说的，**虎头蛇尾**，一事无成。（李满天《水向东流》）

（3）蛇蝎心肠

释义：有蛇蝎一样狠毒的心肠，形容心肠狠毒。

例句：第一个就是叶赫那拉氏——慈禧即西太后，无限膨胀的权力欲，"顺我者昌，逆我者亡"的**蛇蝎心肠**，穷奢极欲的糜烂生活，正是这个太上皇的典型特征。（柯灵《在历史的激流中》）

第六篇　平等篇

名人名言

所谓壹刑者，刑无等级。

——商鞅

有平等就不会有战争。

——［古希腊］梭伦

人人相亲，人人平等，天下为公，是谓大同。

——康有为

学习目标 >>

1. 了解成语故事"相敬如宾""分庭抗礼"，并能够在生活中正确地使用这两个成语。
2. 理解"相敬如宾""分庭抗礼"这两则成语故事背后所体现的平等观。
3. 了解一些与植物有关的成语。
4. 了解《中庸》与中国人的中庸之道；了解孔子与《论语》。

课文一

相敬如宾

春秋时期,郤缺本来是晋国的大臣,和他的父亲郤芮一起在朝廷当官。后来由于父亲郤芮犯罪受到惩罚,郤缺的官职被废除,成为普通老百姓。

郤缺回到家乡,那是一个叫作冀的地方,他与妻子二人粗茶淡饭、男耕女织,过着普通农民的生活。郤缺一边勤恳劳动,一边刻苦修身,他的德行与日俱增。

有一天,一位叫臼季的晋国大臣要到秦国去,路过郤缺的家乡。那时候,郤缺在田地里劳动,他的妻子正好来给他送饭。妻子非常有礼貌地把饭菜送到郤缺的手上,就好像对待初次见面的高贵宾客一样。而郤缺也非常有礼貌地接过饭菜。吃过饭后,郤缺又用真诚的目光送妻子远去。臼季看到这些画面以后非常感动。

回到晋国,臼季马上把这个情况报告给了晋文公,说:"我看到郤缺和他的妻子相敬如宾。我认为互相尊重是道德的集中表现。有德的人才能治理好国家,郤缺是一位有德之才,不能因为他的父亲犯罪就把他的官职废除,请您让郤缺重新回到朝廷来吧。"

晋文公采纳了臼季的意见,把郤缺请回了朝廷。郤缺果然不负众望,后来为晋国的强大立下了许多功劳。

现在,人们一般用"相敬如宾"形容夫妻互相尊重,像对待宾客一样。

(故事来源:《左传·僖公三十三年》)

生词 New Words

1.	相敬如宾	xiāngjìng-rúbīn		(of husband and wife) to be courteous to each other like guests
2.	朝廷	cháotíng	(名)	imperial court
3.	犯罪	fànzuì	(动)	to commit a crime
4.	废除	fèichú	(动)	to dismiss from job
5.	粗茶淡饭	cūchá-dànfàn		a simple diet
6.	男耕女织	nángēng-nǚzhī		men tilling the farm and women weaving
7.	勤恳	qínkěn	(形)	diligent and conscientious
8.	修身	xiūshēn	(动)	to cultivate one's moral character
9.	德行	déxíng	(名)	moral conduct

10.	与日俱增	yǔrì-jùzēng		to increase with each passing day
11.	高贵	gāoguì	（形）	noble
12.	集中	jízhōng	（形）	intensive
13.	采纳	cǎinà	（动）	to adopt
14.	不负众望	búfù-zhòngwàng		to live up to the expectation of all

专有名词 Proper Nouns ▶▶

1.	郤缺	Xì Quē	an official with high rank of Jin State in the Spring and Autumn period
2.	晋国	Jìnguó	Jin State in the Spring and Autumn period
3.	郤芮	Xì Ruì	an official with high rank of Jin State in the Spring and Autumn period, Xi Que's father
4.	冀	Jì	name of a place of Jin State in the Spring and Autumn period
5.	臼季	Jiù Jì	a politician of Jin State in the Spring and Autumn period
6.	晋文公	Jìn Wén Gōng	King Wen of Jin State in the Spring and Autumn period

成语今用 Modern Usage ▶▶

（1）倘若李公子仍有门第之家，口中不好说出，心中存有芥蒂，日后夫妻之间很难**相敬如宾**，这婚事也就不用提了。

（姚雪垠《李自成》）

（2）两个人**相敬如宾**、互相尊重，从没吵过架。他们像对待客人那样彬彬有礼，但也一点都不生分。

（摘自中国新闻网《家人谈周有光：与夫人相敬如宾 对晚辈自然引导》2015年1月13日）

练习 Practice ▶▶

一、答一答　Let's Answer

根据课文内容回答下面的问题。

1. 郤缺为什么回到了自己的家乡种地？
2. 在德行方面，郤缺是怎样要求自己的？
3. 郤缺的妻子送饭时是怎样对待丈夫的？

4. 郤缺是怎样对待送饭的妻子的？
5. 现在人们常用"相敬如宾"这个成语来形容什么？

二、查一查 Look Up the Words

查词典，解释下面的成语，并找出"相敬如宾"的近义词与反义词，填到下面的表格里，再给每一个成语造一个句子。

琴瑟不调　　　　　举案齐眉　　　　　　夫唱妇随
同甘共苦　　　　　反目成仇　　　　　　敬而远之

近义词	反义词

1. 琴瑟不调

_____

2. 举案齐眉

_____

3. 夫唱妇随

_____

4. 同甘共苦

_____

5. 反目成仇

_____

6. 敬而远之

_____

补充知识 Supplementary Information

《中庸》与中庸之道

《中庸》相传为孔子的孙子子思所作,是一篇论述儒家人性修养的散文,是儒家学说经典之一,本是《礼记》第 31 篇。北宋程颢、程颐极力尊崇《中庸》,南宋朱熹作的《四书章句集注》中包括《中庸章句》。最终,《中庸》与《大学》《论语》《孟子》并称为"四书"。宋、元以后,《中庸》成为学校官定的教科书和科举考试的必读书,对中国古代教育产生了极大的影响。

中庸思想来自孔子的过犹不及的思想。后来,子思把这种思想进行了哲学化、系统化,提升到了人性的角度。中庸之道,意思是不正不偏、折中调和的处世态度。

中国古代的传统文化思想对中国人的影响深远,即使是现在,中国人的许多行为举止也颇受其影响。其中,中庸之道就是影响比较深远的思想之一。

在现代社会,中庸之道体现了中国人对人生、生命与社会的态度,影响着中国人的方方面面,也从根本上影响着中国人的性格。比如,中国人在和别人相处时会非常礼貌,很少正面指出别人的错误,一般会避免与人直接发生冲突;中国人很谦虚,如果去中国人家里做客,主人准备一大桌饭菜,仍然会客气地说只是家常便饭;中国人通常比较低调,不喜欢炫耀。

与中庸之道有关的成语

在语言中,中庸之道也留下了许多痕迹。有很多成语都是否定极端的状态,肯定中间的状态,实际上体现的都是中庸之道的思想。例如:

1. 不偏不倚

出处:中者,不偏不倚,无过不及之名。(朱熹《中庸章句》题注)

释义:原来指儒家的中庸之道。现在一般指不偏袒任何一方,保持公正或中立,也形容不偏不歪,正中目标。

例句:就在这个时候,说时迟那时快,一个 300 斤重的大轮胎突然出现在高速公路上!这只轮胎晃晃悠悠,一蹦一跳地跑了 1000 多米,**不偏不倚**地把正在专心致志换护栏螺丝的刘师傅撞了!瞬间一股剧痛袭来,刘师傅疼痛难忍,同事立即报警求助。(摘自中国青年网《300 斤大轮胎掉落高速公路滚了 1 公里,不偏不倚撞人撞到骨折》2019 年 7 月 15 日)

2. 富而不骄

出处:富而不骄者鲜,吾唯子之见。(《左传·定公十三年》)

释义：指很富有但不趾高气扬。

例句：拥有千万资产的余友珍，在别人眼中早已是富婆，但是她**富而不骄**，从容淡定，依然保持着积极的人生态度，过着和以前一样的平常生活。（湖北日报《劳动美丽，富而不惰》2013年1月8日）

3. 和而不同

出处：君子和而不同，小人同而不和。（《论语·子路》）

释义：与人和睦相处，但不随便附和。

例句：第三种是夫妇各有特别性质，各有特别生活，却又都能相安相得的家庭。……这是一种"和而不同"的家庭。（胡适《人生大策略》）

4. 允执厥中

出处：人心惟危，道心惟微，惟精惟一，允执厥中。（《尚书·大禹谟》）

释义：指言行符合不偏不倚的中正之道。

例句：乍看使人觉着有些光线不调，看惯了更显得"新旧咸宜""**允执厥中**"。（老舍《老张的哲学》）

课文二

分庭抗礼

一天，孔子和他的弟子们在树林里，弟子们都在认真学习，孔子则独自在弹琴。

曲子弹到一半时，一位满头白发的老渔夫走上岸来，坐在不远的地方，认真聆听孔子的演奏。曲子结束后，老渔夫招手让孔子的弟子<u>子贡</u>、<u>子路</u>到他跟前，问道："这位弹琴的人是谁呢？"子路高声回答："他是我们的老师，鲁国的著名学者孔子。"老渔夫又问："那他是干什么的？是做官的吗？"子贡回答道："我们的老师不做官，但是他注重忠信与仁义，推行礼乐。"老渔夫微微一笑，说："他这样做，恐怕离大道也太远了。"说完转身向河边走去。

子贡连忙把老渔夫的话告诉了孔子，孔子放下琴，站起身来说："这是一位圣人啊！"孔子追到河边时，老渔夫正要划船离开。孔子尊敬地向他行礼，说："我从小读书学习，到现在已经六十九岁了，还没有听到过高深的教导，今天遇到了您，怎么能不抓住机会虚心地向您请教呢？"老渔夫被孔子的真诚感动了，他下了船，向孔子传授了许多有关政治哲学与人生修养方面的道理。听完以后，孔子深表佩服，希望老渔夫当自己的老师。但老渔夫拒绝了孔子的请求，跳上小船，独自划船离开了。

子路对孔子的行为表示不理解，他忍不住说道："先生今天真是太过分了，连咱们的君主见到您都要与您分庭抗礼，可是您却对一个渔夫这样毕恭毕敬。"

孔子听了子路的话后很不高兴，说道："子路，你真是太难教化了。我告诉你吧，遇到年长的人，如果不尊敬的话就是失礼，遇到有才能的人，如果不尊敬的话就是不仁，不仁不爱是产生灾祸的根本。今天这位渔夫是一位很有才能的人，我怎么能不尊重他呢？"

"分庭抗礼"本来是指古代宾主相见，站在庭院两边相对行礼，表示平等对待。这个成语的意义逐渐发生了改变，后来，人们用这个成语形容平起平坐，地位相等。

（故事来源：《庄子·杂篇·渔父》）

生词 New Words

1. 分庭抗礼　fēntíng-kànglǐ　　　　　stand up to someone as an equal
2. 渔夫　　　yúfū　　　　　（名）　fisherman
3. 聆听　　　língtīng　　　（动）　to listen respectfully
4. 招手　　　zhāoshǒu　　　（动）　to wave

5.	忠信	zhōngxìn	（名）	loyalty
6.	仁义	rényì	（名）	kindheartedness
7.	推行	tuīxíng	（动）	to implement
8.	礼乐	lǐyuè	（名）	rites and music
9.	大道	dàdào	（名）	truth
10.	行礼	xínglǐ	（动）	to salute
11.	高深	gāoshēn	（形）	profound
12.	教导	jiàodǎo	（名）	instruction
13.	请教	qǐngjiào	（动）	to consult
14.	传授	chuánshòu	（动）	to instruct
15.	修养	xiūyǎng	（名）	self-cultivation
16.	毕恭毕敬	bìgōng-bìjìng		reverent and respectful
17.	教化	jiàohuà	（动）	to civilize
18.	灾祸	zāihuò	（名）	disaster
19.	庭院	tíngyuàn	（名）	courtyard
20.	平起平坐	píngqǐ-píngzuò		on an equal footing

专有名词 Proper Nouns >>

1.	子贡	Zǐgòng	one of Confucius' disciples
2.	子路	Zǐlù	one of Confucius' disciples

成语今用 Modern Usage >>

（1）与硅谷**分庭抗礼**的中国科技巨头，正在亮出自己的"獠牙"。让世界震惊已经是必然，未来还将带来更多惊喜。

（摘自科技新发现《与硅谷分庭抗礼！中国科技巨头的"獠牙"会让世界震惊吗?》2018年7月20日）

（2）无论在设计还是功能上，Mate 10与发布没多久的三星note 8以及iPhone 8相比，都丝毫不逊色，在坚持技术创新，持续研发投入的一贯策略下，Mate 10可以说相比以往几代产品，真正能够与苹果、三星**分庭抗礼**了。

（摘自腾讯网《与苹果三星分庭抗礼　华为Mate 10发布售价699欧元起》2017年10月16日）

练习 Practice

一、答一答　Let's Answer
根据课文内容回答下面的问题。
1. 孔子独自在河边弹琴的时候遇到了谁？
2. 子路是怎么向老渔夫介绍孔子的？
3. 子贡是怎么解释孔子的身份的？
4. 老渔夫向孔子传授了什么？
5. 老渔夫让孔子做他的学生了吗？
6. 君主平时是怎样对待孔子的？
7. 孔子为什么很尊敬老渔夫？
8. 现在人们常用"分庭抗礼"这个成语来形容什么？

二、查一查　Look Up the Words
查词典，解释下面的成语，再给每一个成语造一个句子。

　　一视同仁　　　　和衷共济　　　　齐心协力
　　相提并论　　　　同心协力　　　　平起平坐

1. 一视同仁
___

2. 和衷共济
___

3. 齐心协力
___

4. 相提并论
___

5. 同心协力
___

6. 平起平坐
___

补充知识 Supplementary Information

孔子与《论语》

孔子（公元前551—公元前479），名丘，字仲尼，春秋末期鲁国陬邑（今山东省曲阜市）人，著名的思想家、教育家、哲学家，儒家学派创始人。

《论语》是由孔子的弟子与再传弟子编写的书，全书共20章，492篇，以语录体为主，叙事体为辅，主要记录孔子及其弟子的言语和行为。孔子对现实人生和社会生活有很深刻的认识，《论语》集中体现了孔子的政治主张、伦理思想、道德观念及教育原则，是儒家学派的经典著作之一。

《论语》和《大学》《中庸》《孟子》并称"四书"，"四书"与《诗经》《尚书》《礼记》《周易》《春秋》"五经"一起合称为"四书五经"。

《论语》的主要特点是语言简练，用意深远，书中有许多言简意赅、富有哲理性和启发性的语句，如"学而不思则罔，思而不学则殆""温故而知新""三人行，必有我师"等。

《论语》中的成语

《论语》流传到今天，当中的很多语句成为人们耳熟能详的成语，比如：

1. **不耻下问**

出处：敏而好学，不耻下问。（《论语·公冶长》）

释义：不以向地位比自己低、学识比自己少的人请教为耻。形容虚心求教。

例句：于是，那些在这这那那的工厂当厂长、在这这那那的公司当经理的男人们，也都一脱平日志得意满的模样，彬彬有礼地不约而同**不耻下问**地向这位来去京港纵横天下的商界女杰请教。（叶文玲《浪漫的黄昏》）

2. **见义勇为**

出处：见义不为，无勇也。（《论语·为政》）

释义：见到正义的事情就勇敢地去做。

例句：她的责骂，多数是她以为李四爷对朋友还没有尽心尽力地帮忙，而这种责骂也便成为李四爷**见义勇为**的一种督促。（老舍《四世同堂》）

3. **见贤思齐**

出处：见贤思齐焉，见不贤而内自省也。（《论语·里仁》）

释义：见到德才兼备的人就要向他学习。

例句：但同在南书房的潘祖荫是知道的，由他传了出去，颇有人**见贤思齐**，预备

跟着上折，犯颜直谏。（高阳《玉座珠帘》）

4. 良师益友

出处：益者三友，损者三友。友直、友谅、友多闻，益矣；友便辟、友善柔、友便佞，损矣。（《论语·季氏》）

释义：使人得到教益和帮助的好老师和好朋友。

例句：和一位缔交半个多世纪的**良师益友**诀别，悲痛之情是难以尽述的。（夏衍《知公此去无遗恨——痛悼郭沫若同志》）

成语常识（六）

与植物有关的成语

植物与人类的关系十分密切，对人们的生活产生了重要作用。植物充满生命力与自然之美，不仅为我们提供食物，也丰富了我们的精神生活。与植物有关的成语突出反映了人们对植物形态、特征等方面的细致观察与丰富联想。下面以常见的"花""草""树""木"为例，介绍与植物有关的常用成语。

1. 花

（1）百花齐放

释义：指各种花卉一起开放。也比喻艺术上不同形式和风格自由发展。

例句：春天四月，满山**百花齐放**，山顶的云海最好看。（吴祖光《雾里峨眉》）

（2）锦上添花

释义：在锦缎上增添小绣花，比喻使美好的事物更加美好。

例句：现在贾鸿年要把他这光荣的历史写成书，在他看来更是一件**锦上添花**的好事。（赵树理《卖烟叶》）

2. 草

（1）寸草不生

释义：连根小草也不生长。形容土地贫瘠荒凉。

例句：机油已经深深地浸透了这块土地，**寸草不生**。（孙少山《盲流》）

（2）斩草除根

释义：割草要把草根彻底除掉，使它不能再生长出来。比喻彻底除掉祸根，不留后患。

例句：大军不日入商洛山中搜剿，务期扫清余氛，**斩草除根**。（姚雪垠《李自成》）

3. 树

（1）大树底下好乘凉

释义：比喻有所依托，事情就好办。

例句：当记者问其是否一直活在哥哥的阴影下时，姜武的答案有些出乎人意料，"**树底下好乘凉**啊，这是多幸福的事情，热天可以在树下喝喝茶，冷了就出去透透风，多舒服啊，这是你们体会不到的"。（武汉晨报《姜武零片酬替哥哥姜文卖命3个月》2010年12月9日）

（2）玉树临风

释义：形容人风度潇洒，秀美多姿。

例句：马云在微博晒出一张自己 20 多年前的老照片，并自信地问道，"**玉树临风**有没有？"照片中，马云和几位同事在一起聚餐，他穿着一身灰白色的夹克，脸型瘦削，皮肤白嫩，拿着筷子的右手高高举起，有一种指点江山的气势。（摘自新浪娱乐《马云晒 20 年前帅气旧照，自称玉树临风》2015 年 4 月 22 日）

4. 木

（1）草木皆兵

释义：军队败退时心虚，把山上的草木都当作是敌兵。也形容极度惊恐时疑神疑鬼。

例句：希望有关媒体客观、理性看待中国的科技发展进步和工程能力提升，不要随意联想，更不要**草木皆兵**，杯弓蛇影。（摘自环球网《外媒对"天鲲号"下水表示关切，中方：勿随意联想，草木皆兵》2017 年 11 月 8 日）

（2）木已成舟

释义：木头已经做成了船。比喻事情已成定局，不能改变。

例句：据美国纽约时报报道，阿巴西在匆忙准备任职演讲时表示："我对这个职位没有野心，我的政党派我来，我就来了。如果可以选择，我不会接受这个职务。现在**木已成舟**，我没得选。"（摘自人民日报海外版官网《巴基斯坦新总理：我对职位没野心，木已成舟没得选》2017 年 8 月 2 日）

第七篇　公正篇

名人名言

奉公如法则上下平。

——司马迁

让我们记住，公正的原则必须贯彻到社会的最底层。

——[古希腊]西塞罗

公正不是德性的一个部分，而是整个德性；相反，不公正也不是邪恶的一个部分，而是整个邪恶。

——[古希腊]亚里士多德

学习目标 >>

1. 了解成语故事"大公无私""克己奉公"，并能够在生活中正确地使用这两个成语。
2. 理解"大公无私""克己奉公"这两则成语故事背后所体现的公正观。
3. 了解一些与数字有关的成语。
4. 了解吕不韦与《吕氏春秋》；了解《后汉书》。

课文一

大公无私

春秋时期，晋国有一位德行高尚的大臣，名叫祁黄羊。

有一天，晋平公问祁黄羊："现在南阳县缺个县令，你看派谁去最合适呢？"祁黄羊想了想，说："派解狐去最合适！"晋平公觉得很疑惑："解狐不是你的仇人吗，你为什么要推荐他呢？"祁黄羊回答说："您只是问我什么人最适合这个职位，并没有问我解狐是不是我的仇人。因此，我就把我认为最合适的解狐推荐给您。"于是，晋平公就派解狐去了南阳县。结果解狐充分发挥他的才能，受到当地老百姓的称赞与欢迎。

后来，晋平公又问祁黄羊："现在朝廷缺个法官，你觉得谁最合适？"祁黄羊很诚恳地说："祁午去做法官再合适不过了。"晋平公十分惊讶地说："祁午是你的儿子啊，你推荐自己的儿子，难道不怕别人认为你徇私吗？"祁黄羊说："您是问我谁适合当法官，并没有问我祁午是不是我的儿子。因此，我就把我认为最合适的祁午推荐给您。"于是，晋平公让祁午当了法官。祁午办事很有效率，处理案件果断公正，受到了大家的尊重。

祁黄羊的行为受到了许多人的赞扬，孔子听说了他的故事，称赞道："祁黄羊做得很对，他推荐人的时候，对外不排斥仇人，对内不回避儿子。像祁黄羊这样的人，真是大公无私啊！"

后来，人们用"大公无私"这个成语形容为人处世公正无私。

(故事来源：《吕氏春秋·去私》)

生词 New Words

1. 大公无私　　dàgōng-wúsī　　　　　　　perfectly impartial
2. 县令　　　　xiànlìng　　　　（名）　county magistrate
3. 发挥　　　　fāhuī　　　　　（动）　to give play to
4. 法官　　　　fǎguān　　　　（名）　judge
5. 诚恳　　　　chéngkěn　　　（副）　sincerely
6. 徇私　　　　xùnsī　　　　　（动）　to practise favoritism
7. 效率　　　　xiàolǜ　　　　（名）　efficiency
8. 果断　　　　guǒduàn　　　（形）　decisive
9. 排斥　　　　páichì　　　　（动）　to reject

专有名词 Proper Nouns

1. 祁黄羊　　Qí Huángyáng　　an official of Jin State in the Spring and Autumn period
2. 晋平公　　Jìn Píng Gōng　　King Ping of Jin State in the Spring and Autumn period
3. 南阳县　　Nányáng Xiàn　　Nanyang County
4. 解狐　　　Xiè Hú　　　　　an official of Jin State in the Spring and Autumn period
5. 祁午　　　Qí Wǔ　　　　　an official of Jin State in the Spring and Autumn period

成语今用 Modern Usage

（1）我用人最**大公无私**，舍妹也不是他私人用的，就是她丢了饭碗，我决计尽我的力来维持老哥的地位。

（钱锺书《围城》）

（2）公私分明、先公后私，是做干部的本分，而**大公无私**、公而忘私，更让人由衷信服、心生敬佩。

（摘自《人民日报》《领导干部出问题，往往是一个"私"字在作祟》2019年1月29日）

练习 Practice

一、答一答　Let's Answer
根据课文内容回答下面的问题。
1. 祁黄羊是个什么样的人？
2. 祁黄羊推荐解狐的时候，晋平公为什么感到疑惑？
3. 祁黄羊推荐祁午的时候，晋平公为什么感到惊讶？
4. 孔子是怎样评价祁午的？
5. 现在人们常用"大公无私"这个成语来形容什么？

二、查一查　Look Up the Words
查词典，解释下面的成语，并找出"大公无私"的近义词与反义词，填到下面的表格里，再给每一个成语造一个句子。

见利忘义　　　　光明磊落　　　　假公济私
公而忘私　　　　徇私舞弊　　　　铁面无私

近义词	反义词

1. 见利忘义

   _____

2. 光明磊落

   _____

3. 假公济私

   _____

4. 公而忘私

   _____

5. 徇私舞弊

   _____

6. 铁面无私

   _____

补充知识 Supplementary Information

吕不韦与《吕氏春秋》

吕不韦（公元前292—公元前235），卫国濮阳（今河南省安阳市滑县）人。战国末年著名商人、政治家、思想家，官至秦国丞相。

吕不韦主持编写《吕氏春秋》（又名《吕览》），包括八览、六论、十二纪，共26卷，160篇，20余万字。吕不韦自己认为该书包括了天地万物古往今来的事理，所以称之为《吕氏春秋》。书成之日，吕不韦将其写在布匹上悬在国门，声称能改动一字者赏千金，这就是著名的"一字千金"的典故。

《吕氏春秋》融合了先秦各派学说，"兼儒墨，合名法"，史称"杂家"。但"杂"

并非杂乱无章之意，而是在贯穿主导思想基础之上，兼收并蓄，博采众家之长。该书提倡在君主集权下实行无为而治，顺其自然，以无为而无不为，用这一思想治理国家，以期缓和社会矛盾，让百姓休养生息，恢复经济发展。

《吕氏春秋》中的成语

出自《吕氏春秋》的成语有很多，其中有不少是人们熟知的成语故事，例如：

1. 刻舟求剑

出处：楚人有涉江者，其剑自舟中坠于水，遽契其舟曰："是吾剑之所从坠。"舟止，从其所契者入水求之。舟已行矣，而剑不行，求剑若此，不亦惑乎？（吕不韦《吕氏春秋·察今》）

释义：在船上刻记号，寻找失落水中的剑。比喻拘泥成例，不知道跟着情势的变化而改变看法或办法。

例句：只有在市场经济的时代，人们上升的众多通道被打开，我们仍然用读书上大学来作为衡量人们上升通道的标准，有点**刻舟求剑**了，失之偏颇。（中国青年报《用上大学来衡量上升通道，有点刻舟求剑》2017年4月27日）

2. 舍本逐末

出处：民舍本而事末则不令，不令则不可以守，不可以战。民舍本而事末则其产约，其产约则轻迁徙，轻迁徙则国家有患，皆有远志，无有居心。（《吕氏春秋·上农》）

释义：舍弃事物的根本的、主要的部分，而去追求细枝末节，指轻重倒置。

例句：如果艺术表现的事物没有若干程度的普遍性、代表性，搜集那样的事物来描写，只是**舍本逐末**罢了。（秦牧《艺海拾贝》）

3. 掩耳盗铃

出处：百姓有得钟者，欲负而走，则钟大不可负。以椎毁之，钟况然有声。恐人闻之而夺己也，遽掩其耳。（《吕氏春秋·自知》）

释义：把耳朵捂住去偷铃铛，比喻自己欺骗自己，明明掩盖不了的事偏要设法掩盖。

例句：又谁知不幸的他，却巧听见了这几句私语。他想作**掩耳盗铃**之计，想避去这一种公然的侮辱，只好装了自己是不在楼上的样子。（郁达夫《离散之前》）

课文二

克己奉公

东汉初期,有一个叫祭遵的人,他从小喜欢学习,知书达理。虽然祭遵的家境富裕,但是他十分注意约束自己,生活过得非常俭朴。公元24年,祭遵为刘秀的下属(刘秀是东汉的建立者,也就是后来的汉光武帝)。

有一次,刘秀身边的一个仆人犯了罪,祭遵查清了事情的真相后,按照法律给仆人执行了死刑。刘秀知道后,十分生气,他想不到祭遵竟然敢杀死自己身边的仆人,于是打算处罚祭遵。但是有人马上来劝刘秀:"严格执法,本来就是您提出的要求。祭遵公正执法,遵守您的规定,做得非常正确。只有像他这样言行一致,带领军队才有威信啊。"刘秀听了以后,觉得很有道理,不但没有处罚祭遵,反而让他做了大官。

由于祭遵为人廉洁,做事果断公正,克己奉公,受到了大家的赞扬,也常常得到刘秀的赏赐,但他把这些赏赐都拿出来分给下属。祭遵一生都与妻子过着俭朴的生活,家中没有多少私人财产。

祭遵死后,刘秀十分悲痛,因为他知道,像祭遵这样公正廉洁的大臣并不多,失去祭遵是一件非常可惜的事情。此后,刘秀一直对祭遵克己奉公的精神十分怀念。

"克己"是约束自己,"奉公"则是以公事为重。现在,人们常用"克己奉公"这个成语形容一个人对自己要求严格,一心为公。

(故事来源:范晔《后汉书·祭遵传》)

生词 New Words

1.	克己奉公	kèjǐ-fènggōng		devote wholeheartedly and selflessly to public duty
2.	家境	jiājìng	(名)	family financial situation
3.	约束	yuēshù	(动)	to restrain
4.	俭朴	jiǎnpǔ	(形)	economical
5.	仆人	púrén	(名)	servant
6.	真相	zhēnxiàng	(名)	truth
7.	执行	zhíxíng	(动)	to execute
8.	死刑	sǐxíng	(名)	death penalty
9.	处罚	chǔfá	(动)	to punish

10.	执法	zhífǎ	（动）	to enforce the law
11.	言行	yánxíng	（名）	statements and actions
12.	威信	wēixìn	（名）	prestige
13.	赏赐	shǎngcì	（名）	award
14.	悲痛	bēitòng	（形）	sorrowful

专有名词 Proper Nouns

1.	东汉	Dōng Hàn	the Eastern Han Dynasty
2.	祭遵	Jì Zūn	a general of the Eastern Han Dynasty
3.	刘秀	Liú Xiù	the founder of the Eastern Han Dynasty
4.	汉光武帝	Hàn Guāngwǔ Dì	Emperor Guangwu of the Eastern Han Dynasty

成语今用 Modern Usage

（1）二十几年的默默付出，没有改变他一心干好工作的信念，面对名利他不求索取，面对困难他勇往直前，面对深爱的岗位他舍小家顾大家，一个任劳任怨的孺子牛，勤奋工作，无私奉献，在平凡的岗位光彩耀眼。

他就是**克己奉公**、无私奉献的自律明星——霍林郭勒车务段贺斯格乌拉站车站值班员王玉波。

（摘自辽宁新闻网《克己奉公、无私奉献的自律明星》2016 年 3 月 22 日）

（2）正是有了很多像黄辉宾同志这样脚踏实地、**克己奉公**，对待工作认真负责的粤运人，才让海丰公共交通事业蓬勃发展，日渐进步，让海丰人民的安全出行得到了保障。

（摘自南方网《脚踏实地，克己奉公，情系公共交通》2018 年 2 月 27 日）

练习 Practice

一、答一答　Let's Answer
根据课文内容回答下面的问题。
1. 祭遵是个什么样的人？
2. 为什么刘秀想要处罚祭遵？
3. 为什么刘秀让祭遵做了大官？
4. 祭遵是怎么处理刘秀给他的赏赐的？
5. 现在人们常用"克己奉公"这个成语来形容什么？

二、查一查　Look Up the Words
查词典，解释下面的成语，并找出"克己奉公"的近义词与反义词，填到下面的表格里，再给每一个成语造一个句子。

　　公报私仇　　　　　　奉公守法　　　　　　舍己为公
　　贪赃枉法　　　　　　廉洁奉公　　　　　　利欲熏心

近义词	反义词

1. 公报私仇
_____

2. 奉公守法
_____

3. 舍己为公
_____

4. 贪赃枉法
_____

5. 廉洁奉公
_____

6. 利欲熏心
_____

补充知识 Supplementary Information

《后汉书》

　　《后汉书》是一部由中国南朝刘宋时期（420—479）的历史学家范晔（398—445）编撰的记载东汉历史的纪传体史书。与《史记》《汉书》《三国志》合称"前四史"。全书主要记述了上起东汉的汉光武帝建武元年（25年），下至汉献帝建安二十五年（220年）共195年的史事。

　　《后汉书》大部分沿袭《史记》《汉书》的体例，但在成书过程中，范晔根据东汉历史的特点有所创新与变动。首先，他在帝纪之后增加了皇后纪，因为东汉从和帝开始，相继有六位太后临朝，把她们的活动写成"纪"的形式，既名正言顺，又能准确地反映这一时期的政治特点。其次，《后汉书》新增加了《党锢传》《宦者传》《文苑传》《独行传》《方术传》《逸民传》《列女传》七个类传。

《后汉书》再现了东汉的历史，保存了东汉时期的诸多史料，包括东汉社会政治、经济、文化状况，朝代兴衰历变，历史大事件等，诸如党宦之争、党锢之祸、图谶盛行等史实。

《后汉书》中的成语

出自《后汉书》的成语数量众多，例如：

1. 不入虎穴，焉得虎子

出处：超曰："不入虎穴，不得虎子。当今之计，独有因夜以火攻虏，使彼不知我多少，必大震怖，可殄尽也。"（《后汉书·班超传》）

释义：不进老虎洞，怎能捉到小老虎。比喻不历险境，就不能获得成功。

例句：汽车及零部件企业还应以"**不入虎穴，焉得虎子**"的精神和胆略，直接深入美国腹地建厂，就像比亚迪那样，把电动大巴厂建到了加州的兰凯斯特，享受美国的低成本用地、用电、税收、贷款等，而且订单不愁。这就叫"打入"。（汽车财经网《"做活、做实、打入、打劫"，中美汽车贸易战中的围棋术》2019年6月27日）

2. 覆水难收

出处：国家之事，易何容易！覆水不收。宜深思之。（《后汉书·何进传》）

释义：倒在地上的水无法再收回。比喻事情已成定局，很难再挽回了。

例句：英国欧盟事务专员希尔也提出了辞职。他称，英国"脱欧"已"**覆水难收**"由他继续担任欧盟专员已经不合适。（《环球时报》《英国脱欧反悔想搞二次公投 媒体称翻盘机会为零》2016年6月22日）

3. 老当益壮

出处：丈夫为志，穷当益坚，老当益壮。（《后汉书·马援传》）

释义：年纪虽然老，但志向更高、劲头更大。

例句：据我所知，只有余鸿翔兄**老当益壮**，迄今还从事新闻工作。（徐铸成《旧闻杂忆续篇·〈文汇报〉被迫停刊经过》）

4. 望尘莫及

出处：复拜东海相，之官，道经荥阳，令敦煌曹暠，咨之故孝廉也，迎路谒候，咨不为留。暠送至亭次，望尘不及。（《后汉书·赵咨传》）

释义：只望见走在前面的人带过的尘土而追赶不上。比喻远远落后。

例句：她那股热情，不但吴芝生**望尘莫及**，就是柏青也像赶不上。（茅盾《子夜》）

成语常识（七）

与颜色有关的成语

由于民族习俗和历史文化的差异，不同国家对颜色的喜好有很大区别。有的颜色在一个国家是美好、喜庆的颜色，但是在另一个国家则可能是禁忌、不祥的颜色，以红色为例，众所周知，红色在中国是吉祥、喜庆、幸福、兴旺的象征，因此中国人在结婚的时候喜欢穿红色的衣服，过年时贴的福字、对联都是红色的，而在英语文化中，红色更多的是表达暴力、危险、狂热的意思，所以"a red flag"是"危险信号旗"，"the red rules of tooth and claw"指"残杀和暴力统治"。

汉语成语中，有不少成语包含了颜色词，最常见的有黑、白、红、黄、青、绿、紫、蓝、灰、赤等。了解颜色词的基本内涵与文化意义，能对学习与理解包含颜色词的成语有所帮助。

1. 黄

黄色在中国传统文化中富有象征意义。在古代，黄色是帝王专用的颜色，因此，与帝王有关的事物多用黄色，比如"黄袍"就是只有帝王才能穿的衣服。黄色与权力有关，因此黄色也能象征富有。例如：

（1）黄袍加身

释义：黄袍穿到身上，推拥为皇帝。指被拥立为帝王。

例句：而袁（世凯）此时既然找不到更好的工具，又急于要**黄袍加身**……（陶菊隐《北洋军阀统治时期史话》）

（2）飞黄腾达

释义：像飞黄神马似的腾空飞驰。比喻官职、地位上升得很快。

例句：我要当局加以注意的市长某，的确是特蒙惠眷，后来便逐渐**飞黄腾达**了起来。（郭沫若《洪波曲》）

2. 赤

赤是表示红色的颜色词，中国人自古就喜欢红色，认为它象征着幸福、喜庆，同时，它代表了顺利与成功，人们还常常把它与忠诚、奉献联系在一起。例如：

（1）赤胆忠心

释义：形容十分忠诚。

例句：他对人民**赤胆忠心**，有着火一样的热情……树立了新时期人民警察的良好

形象，也为全社会树立了学习的好榜样。（中国文明网《"好民警"侯明华：赤胆忠心为人民》2015年10月28日）

（2）赤心报国

释义：形容赤胆忠心，为国效力。

例句：我朵儿只**赤心报国**，不知为何得罪，竟致极刑。（蔡东藩《元史演义》）

3. 白

白色常引申为纯洁，也有明亮的意思，因此也引申出清楚明了的意思；白色是最纯粹的颜色，也能引申出徒劳、空的意思。例如：

（1）真相大白

释义：真实情况完全弄清楚了。

例句：不久，雪雪的信来了，**真相大白**。她确实像我曾在梦中梦见的情况一样。（沈醉《我这三十年》）

（2）白手起家

释义：比喻在原来没有基础或条件很差的情况下，创立起一番事业。

例句：我们不背包袱，**白手起家**，从零做起……我们要在这里共同走出一条路来。（丁玲《沉痛地告别过去，勇敢地面向未来》）

4. 黑

黑的本义是火熏出的颜色，引申为黑暗无光，之后又引申为各种不好的事物或势力，与白相对。例如：

（1）颠倒黑白

释义：把黑的说成白的，把白的说成黑的。比喻歪曲事实，混淆是非。

例句："罪状"之一说他曾反对鲁迅，真是**颠倒黑白**，无中生有。（赵家璧《编辑忆旧·记郑伯奇在良友图书公司》）

（2）天下乌鸦一般黑

释义：比喻不管在哪个地方，剥削者与压迫者都是一样的坏。

例句：有什么好，**天下乌鸦一般黑**。（李六如《六十年的变迁》）

5. 灰

灰色本义是指灰烬，后来指木柴灰的颜色，由于灰色给人一种没有生气的感觉，引申出了消沉、失望的意思。例如：

（1）心灰意冷

释义：灰心失望，意志消沉。

例句：此次我任《新闻报》的战地记者，为期一个半月，虽历尽艰辛，却未完成

任务，回沪后还害了一场大病，因此**心灰意冷**。（陶菊隐《记者生活三十年》）

(2) 万念俱灰

释义：所有的想法和打算都破灭了。形容极端灰心失望的心情。

例句：她自己在罗家公馆里找了九间偏屋，打扫出来，供上观音菩萨，一个人住在那里，不和外边人来往。她**万念俱灰**，戴发修行。（马识途《夜谭十记·亲仇记》）

第八篇　法治篇

名人名言

夫法者，所以禁民为非，而使其迁善远罪也。

——欧阳修

法律是一切人类智慧聪明的结晶，包括一切社会思想和道德。

——［古希腊］柏拉图

要使事物合乎正义（公平），须有毫无偏私的权衡；法律恰恰正是这样一个中道的权衡。

——［古希腊］亚里士多德

学习目标 >>

1. 了解成语故事"约法三章""赏罚分明"，并能够在生活中正确地使用这两个成语。
2. 理解"约法三章""赏罚分明"这两则成语故事背后所体现的法治观。
3. 了解一些与数字有关的成语。
4. 了解中国历史朝代的基本知识；了解春秋时期与"春秋五霸"的含义。

课文一

约法三章

秦二世昏庸无能，他当上皇帝以后，只知道享乐，重用奸臣赵高，杀害了许多忠心的大臣。由于秦朝实行残酷的刑罚制度，老百姓生活艰难，民不聊生。

公元前206年，刘邦率领大军到达离秦朝的都城咸阳只有几十里路的霸上，秦二世的儿子子婴知道刘邦的军队非常强大，即使自己反抗也没有用了，只好向刘邦投降。刘邦进咸阳后，被奢侈的王宫生活迷住了，他本来想住在豪华的王宫里，但他的下属樊哙和张良都劝他别这样做，因为这样可能会失去民心。刘邦清醒过来，接受了他们的意见，于是命令军队封锁王宫，只留下少数士兵保护藏着大量财物的王宫，然后回到了霸上。

刘邦把当地的老百姓聚集在一起，郑重地向他们宣布："秦朝的法律制度太残酷了，应该全部废除。现在我和大家约法三章：第一，如果有人杀了别人，就一定以命换命；第二，如果有人伤害了其他的人，一定要补偿过错；第三，偷盗别人财物的人，一定要受到处罚。不论是谁，都要遵守以上三条法律。"老百姓听了，都十分赞同。

刘邦又派出许多下属到各县各乡去宣传"约法三章"。百姓们听了，都热烈拥护，纷纷拿出了美食来慰劳刘邦的军队。

由于坚决执行"约法三章"，刘邦获得了老百姓的信任、拥护和支持，最后成功建立了西汉。

今天我们使用成语"约法三章"形容订立简单的共同遵守的条款。

（故事来源：司马迁《史记·高祖本纪》）

生词 New Words

1. 约法三章　　yuēfǎ-sānzhāng　　　　　　draw up three chapters of law
2. 昏庸　　　　hūnyōng　　　（形）　　fatuous
3. 无能　　　　wúnéng　　　（形）　　incompetent
4. 享乐　　　　xiǎnglè　　　（动）　　to lead a life of pleasure
5. 奸臣　　　　jiānchén　　　（名）　　treacherous minister
6. 残酷　　　　cánkù　　　　（形）　　cruel
7. 刑罚　　　　xíngfá　　　　（名）　　penalty
8. 艰难　　　　jiānnán　　　（形）　　hard

9.	率领	shuàilǐng	（动）	to lead
10.	投降	tóuxiáng	（动）	to surrender
11.	王宫	wánggōng	（名）	palace
12.	豪华	háohuá	（形）	luxurious
13.	封锁	fēngsuǒ	（动）	to close
14.	郑重	zhèngzhòng	（副）	solemnly
15.	宣布	xuānbù	（动）	to announce
16.	偷盗	tōudào	（动）	to steal
17.	热烈	rèliè	（形）	warm
18.	拥护	yōnghù	（动）	to support

专有名词 Proper Nouns

1.	秦二世	Qín Èrshì	the second emperor of the Qin Dynasty
2.	秦朝	Qíncháo	Qin Dynasty
3.	刘邦	Liú Bāng	the founder of the Han Dynasty
4.	咸阳	Xiányáng	the capital of the Qin Dynasty
5.	霸上	Bàshàng	name of a place near the capital of the Qin Dynasty
6.	子婴	Zǐ Yīng	the son of the second emperor of the Qin Dynasty
7.	樊哙	Fán Kuài	a general of the Han Dynasty
8.	张良	Zhāng Liáng	a minister of the Han Dynasty
9.	西汉	Xīhàn	the Western Han Dynasty

成语今用 Modern Usage

（1）轨交警方连续约谈几家共享单车公司，提出在16座共享单车较为集中的轨交站投放需"约法三章"。

（摘自澎湃新闻《上海轨交警方约谈共享单车，16个站点单车投放需约法三章》2016年11月10日）

（2）近日，法国总统马克龙来到了法国队备战的克莱枫丹基地。他向所有法国球员发表了讲话，并"约法三章"——保持团结、进取心和自信，其中"保持团结"他特别说了两遍。

（摘自网易体育新闻《法国总统为法国队"约法三章"：一定要团结!》2018年6月8日）

练习 Practice

一、答一答　Let's Answer

根据课文内容回答下面的问题。

1. 秦二世是个怎么样的皇帝？
2. 刘邦到了咸阳以后，本来打算住在哪里？
3. 樊哙和张良为什么劝刘邦不要住在王宫？
4. 刘邦与霸上的老百姓"约法三章"的主要内容是什么？
5. 现在人们常用"约法三章"这个成语来形容什么？

二、查一查　Look Up the Words

查词典，解释下面的成语，并找出"约法三章"的近义词与反义词，填到下面的表格里，再给每一个成语造一个句子。

| 为所欲为 | 安分守己 | 奉公守法 |
| 胡作非为 | 循规蹈矩 | 无法无天 |

近义词	反义词

1. 为所欲为

_____

2. 安分守己

_____

3. 奉公守法

_____

4. 胡作非为

_____

5. 循规蹈矩

6. 无法无天

补充知识 Supplementary Information

中国历史朝代

夏朝：约公元前 2070 年—约公元前 1600 年，是中国史书中记载的第一个世袭制朝代。

商朝：约公元前 1600 年—约公元前 1046 年，是中国历史上的第二个朝代。

周朝：约公元前 1046 年—公元前 256 年，分为"西周"（公元前 1046—公元前 771）与"东周"（公元前 770—公元前 256）两个时期。其中东周时期又称为春秋战国时期，东周在战国后期（公元前 256 年）被秦国所灭，所以春秋战国时期在时间上并不全包含在东周王朝里。春秋时期（公元前 770—公元前 476，一说止于公元前 453 年，又一说止于公元前 403 年）；战国时期（公元前 475—公元前 221）。

秦朝：公元前 221 年—公元前 206 年，是由战国时期的秦国发展起来的中国历史上第一个大一统王朝。

西汉：公元前 206 年—公元 25 年，又称前汉，是中国历史上继秦朝之后的大一统王朝。

东汉：25 年—220 年，是中国历史上继西汉之后又一个大一统王朝。

三国时期：220 年—280 年，是上承东汉下启西晋的一段历史时期，分为曹魏（220—265）、蜀汉（221—263）、东吴（222—280）三个政权。

西晋：265 年—317 年，280 年晋灭孙吴，结束了三国鼎立的分裂局面，重新统一，成为中国历史上三国时期之后的大一统王朝。

东晋：317 年—420 年，与北方的五胡十六国并存，这一历史时期又称东晋十六国。

南北朝：420 年—589 年，是中国历史上的一段大分裂时期，也是中国历史上的一段民族大融合时期，上承东晋十六国，下接隋朝，由 420 年刘裕代东晋建立刘宋开始，至 589 年隋灭陈而终。南朝依次是刘宋、萧齐、萧梁、南陈；北朝依次是北魏、东魏、西魏、北齐、北周。

隋朝：581 年—618 年，是中国历史上承南北朝下启唐朝的大一统王朝。

唐朝：618 年—907 年，唐朝在政治、经济、社会、文化、外交等方面都达到了较高的成就，是当时的世界强国之一。

五代十国：907 年—960 年，唐朝灭亡之后，在中原地区相继出现了定都于开封和洛阳的后梁、后唐、后晋、后汉和后周五个朝代以及割据于西蜀、江南、岭南和河东等地的十几个政权，合称五代十国。五代并不是指一个朝代，而是指介于唐宋之间的特殊历史时期。

宋朝：960 年—1279 年，分为北宋（960—1127）、南宋（1127—1279）。

金朝：1115 年—1234 年，是中国历史上由女真族建立的封建王朝。

元朝：1271 年—1368 年，是中国历史上首次由少数民族建立的大一统王朝。

明朝：1368 年—1644 年。

清朝：1636 年—1911 年，是中国历史上最后一个封建王朝。

课文二

赏罚分明

晋文公是"春秋五霸"中的第二位霸主,他谦虚好学,有勇有谋。从历史记载来看,晋文公的用人之道主要在于赏罚分明。

僖负羁是曹国人,曾经救过晋文公的命,是晋文公的救命恩人。因此晋文公在攻打曹国时,为了报答僖负羁的恩情,向军队下了命令,任何人都不准侵扰僖负羁的家,如果有违反的人,都将受到严厉的处罚。

将军魏犨与大臣颠颉没有听从晋文公的命令,带领军队包围了僖负羁的家,并且放火烧了僖负羁的房子。魏犨爬上屋顶,想把僖负羁拖出去杀掉。然而,屋顶承受不了重量而塌了下去,正好把魏犨压在下面。魏犨受了重伤,幸好颠颉及时赶到,才把他救了出来。

这件事被晋文公知道了,他非常气愤,决定按照命令处罚二人。大臣赵衰向晋文公求情:"他们俩都为您立下了许多功劳,您还是让他们戴罪立功吧!"晋文公说:"'功'是一回事,'过'又是一回事,我必须做到赏罚分明,才能让士兵们服从我的命令。"于是,晋文公废除了魏犨的官职,把颠颉杀死了。

从此以后,晋国的士兵们都知道晋文公赏罚分明,再也不敢违反命令了。正是由于晋文公雄才伟略,用人时能做到赏罚分明,最终成为历史上有名的"春秋五霸"之一。

现在,人们用"赏罚分明"指该赏的赏,该罚的罚,形容处理事情严格而公正。

(故事来源:《左传·僖公二十八年》)

生词 New Words

1.	赏罚分明	shǎngfá-fēnmíng		to be explicitly discriminating in rewards and punishments
2.	有勇有谋	yǒuyǒng-yǒumóu		courageous and resourceful
3.	恩人	ēnrén	(名)	benefactor
4.	报答	bàodá	(动)	to repay
5.	恩情	ēnqíng	(名)	kindness
6.	侵扰	qīnrǎo	(动)	to intrude
7.	包围	bāowéi	(动)	to surround

8. 拖	tuō	（动）	to drag
9. 承受	chéngshòu	（动）	to bear
10. 塌	tā	（动）	to collapse
11. 气愤	qìfèn	（动）	to be angry
12. 戴罪立功	dàizuì-lìgōng		atone for one's crimes by doing good deeds
13. 功	gōng	（名）	contribution
14. 过	guò	（名）	fault
15. 雄才伟略	xióngcái-wěilüè		talented and resourceful

专有名词 Proper Nouns

1. 春秋五霸	ChūnQiū-WǔBà	Five Hegemons
2. 僖负羁	Xī Fùjī	a senior official of Cao State in the Spring and Autumn period
3. 曹国	Cáoguó	Cao State in the Spring and Autumn period
4. 魏犨	Wèi Chōu	a senior official of Jin State in the Spring and Autumn period
5. 颠颉	Diān jié	a senior official of Jin State in the Spring and Autumn period
6. 赵衰	Zhào Cuī	a senior official of Jin State in the Spring and Autumn period

成语今用 Modern Usage

1. 以后如果谁不努力、不付出，一定要狠狠地批评，一定要**赏罚分明**。
（摘自中国新闻网《一方赏罚分明：表现好奖金多，不努力会处罚》2015年7月13日）

2. 今后，江苏个人信用将与生活的方方面面挂钩，通过"**赏罚分明**"的奖惩体系，形成横向到边、纵向到底的信用体系建设工作协同网络。
（摘自中国新闻网《江苏加强个人诚信体系建设，多部门联动"赏罚分明"》2018年4月3日）

练习 Practice

一、答一答　Let's Answer
根据课文内容回答下面的问题。
1. 晋文公的用人之道是什么？

2. 为什么晋文公命令军队不准侵扰僖负羁的家？
3. 为什么魏犨和颠颉的所作所为让晋文公非常气愤？
4. 晋文公是怎么处罚魏犨与颠颉的？
5. 现在人们常用"赏罚分明"这个成语形容什么？

二、查一查 Look Up the Words

查词典，解释下面的成语，并找出"赏罚分明"的近义词与反义词，填到下面的表格里，再给每一个成语造一个句子。

  赏罚不明   论功行赏   逍遥法外
  罚当其罪   罚不当罪   赏罚严明

近义词	反义词

1. 赏罚不明

   _____

2. 论功行赏

   _____

3. 逍遥法外

   _____

4. 罚当其罪

   _____

5. 罚不当罪

   _____

6. 赏罚严明

   _____

补充知识 Supplementary Information

春秋时期与"春秋五霸"

春秋时期始于周平王元年（公元前 770 年），即周平王东迁东周的一年，止于周敬王四十四年（公元前 476 年），总共 295 年。

春秋时期的命名与《春秋》这部史书有关。鲁国史官把当时各国的重大事件按一年分春、夏、秋、冬四季记录，简括起来就把这部编年史称为"春秋"。孔子依据鲁国史官所编《春秋》加以整理修订，成为儒家经典之一。《春秋》记录的是从鲁隐公元年（公元前 722 年）到鲁哀公十四年（公元前 481 年）共 242 年的大事。由于它所记历史事实的起止年代大体上与客观的历史发展时期相当，所以历代史学家便把《春秋》这个书名作为这段历史时期的名称，即春秋时期。

春秋时期，天子衰，诸侯兴。周王室势力衰微，无法再控制天下诸侯。一些强大的诸侯国为了争夺天下，开始了激烈的争霸战争，相互之间东征西伐，前后共有数位诸侯依次成为霸主。

"春秋五霸"一般是指春秋时期参与诸侯争霸的最具代表性的五个强国的君主。关于"春秋五霸"的具体所指，历代学者的看法不尽相同，因此，历史上出现过多种说法，两种最具代表性的是：一是《史记索隐》的记载，包括齐桓公、宋襄公、晋文公、秦穆公、楚庄王；二是《荀子·王霸》的记载，包括齐桓公、晋文公、楚庄王、吴王阖闾和越王勾践。其中齐桓公、晋文公是春秋时期最没有争议的两位霸主，实至名归，史称"齐桓晋文"。

成语常识（八）

与数字有关的成语

在现代汉语里，数词之后要先加上量词，才能再加名词。如一支笔、一句话、一头牛。在古代汉语中，数词后面一般可以直接加名词，不用加量词。由于大部分成语来源于古代汉语，因此结构也与古代汉语相似，包含数字的成语亦是如此，例如："六亲不认""两面三刀""三心二意"。

数字本来只是一种计数的符号，但人们在使用的过程中给它们赋予了特殊的含义。下面我们将介绍几个常用数字在中国文化中的内涵，并举例介绍一些包含这些数字的常用成语。

1. 一

老子曾说过："道生一，一生二，二生三，三生万物。"在中国传统文化里，数字"一"通常都表示万物之开始。

（1）独一无二

释义：没有相同的；没有别的可与其相比；唯一的。

例句：我给你改了个字号，叫作"都一处"，意思是全城**独一无二**。（达理《除夕夜》）

（2）毁于一旦

释义：指长期劳动的成果或来之不易的东西一下子被毁灭掉。

例句：1976 年 7 月 28 日凌晨 3 时 42 分 53 秒，唐山发生了举世震惊的 7.8 级强烈地震，震中烈度高达 11 度，百年城市**毁于一旦**。灾情之重，损失之巨，举世罕见。（搜狐新闻《30 年前唐山毁于一旦，灾后重建成为园林城市》2006 年 7 月 26 日）

2. 三

"三"表示多，凡事不过三。"三"在中国传统文化中有着特殊的意义，古人认为，"三"是用处最大的，很多时候，"三"具有典型性。

（1）三人成虎

释义：城里本没有虎，但只要有三个人说城里有虎，听者就信以为真。比喻谣言或讹传一再传播，就能使人信以为真。

例句：无论是"**三人成虎**"还是"以讹传讹"，自古至今，谣言的传播速度总是令人咋舌不已。（黄河新闻网《"以讹传讹"，人言可畏》2017 年 6 月 9 日）

（2）三思而行

释义：指做事慎重，经过反复考虑，然后再去做。

例句：夫人，你说的全对。可是不管怎么说，这是一着险棋，能不走就不走，请你**三思而行**。(姚雪垠《李自成》)

此外，"三"和"五""六"组成的成语常表示多数、多次的意思，例如："隔三岔五""三皇五帝""三令五申""三头六臂""三推六问""三灾六难"。"三"和"四"组成的成语常常有贬义，例如："不三不四""低三下四""颠三倒四""丢三落四""说三道四""挑三拣四""推三阻四""朝三暮四"。

3. 十

在中国文化里，"十"表示达到顶点的意思。

(1) 十全十美

释义：十分完美，毫无欠缺。

例句：老王，你不知道内情，哪有什么**十全十美**的喜事！(姚雪垠《李自成》)

(2) 十恶不赦

释义：形容罪恶极大，不可饶恕。

例句：我们如果在这样真诚恳切的态度面前，沉湎于个人区区得失之中，裹足不前，那就要真的成为中华民族历史上**十恶不赦**的罪人了。(顾笑言等《李宗仁归来》)

第九篇　爱国篇

名人名言

我爱中国固因他是我的祖国,而尤因他是有他那种可敬爱的文化的国家。

——闻一多

爱国主义的力量多么伟大呀!在它面前,人的爱生之念,畏苦之情,算得是什么呢!在它面前,人本身也算得是什么呢!

——［俄］车尔尼雪夫斯基

人类最高的道德标准是什么?那就是爱国心。

——［法］拿破仑

学习目标 >>

1. 了解成语故事"闻鸡起舞""精忠报国",并能够在生活中正确地使用这两个成语。
2. 理解"闻鸡起舞""精忠报国"这两则成语故事背后所体现的爱国观。
3. 了解一些具有典型故事性的成语。
4. 了解《晋书》《宋史》。

课文一

闻鸡起舞

东晋时期，有一位名叫祖逖的将军。他忠心爱国、有勇有谋，受到老百姓的尊敬。

祖逖的父亲在祖逖很小的时候就去世了，他的生活由几个哥哥照顾。祖逖从小就不爱读书，几个哥哥都很担心他。但是祖逖性格开朗，讲义气，爱打抱不平，邻居们都很喜欢他。

祖逖长大后，看见国家衰落，常常发生战争，老百姓的生活非常艰苦。但他的力量微薄，学问又少，什么忙也帮不上。

为了能改变国家的现状，祖逖开始认真学习，学问有了很大进步。祖逖还经常去首都洛阳，向有学问的人请教。认识他的人都说："祖逖将来一定会成为帮助君主治理国家的人才。"

祖逖二十四岁的时候，有人推荐他去做官，但他觉得自己的学问还不够，就没有答应，而是选择继续努力读书。

祖逖有个好朋友叫刘琨，他和祖逖一样，都希望国家强大起来，战争赶快结束，老百姓能过上好日子。两个人每次在一起谈论国家大事，都会不知不觉谈到很晚。第二天早上，他们又会一起练剑习武。

一天半夜，祖逖在睡梦中听到鸡叫声，他爬起来对刘琨说："公鸡在叫我们起床，我们现在就去练剑吧！"刘琨爽快地同意了。从此以后，祖逖和刘琨约定，每天听到鸡叫声就起床练剑。无论刮风下雨，不管酷暑寒冬，他们从来没有间断过。

经过长期的勤奋练习，祖逖与刘琨都成为既能写得一手好文章，又能带兵打胜仗的文武全才，两人最后都当上了大将军，为国家作出了巨大的贡献。

"闻鸡起舞"本来的意思是说祖逖与刘琨听到鸡的叫声就起来练剑，后来人们用这个成语形容有志报国的人及时奋起拼搏，也可以用来形容意志坚强又勤奋的人。

（故事来源：《晋书·祖逖传》）

生词 New Words

1.	闻鸡起舞	wénjī-qǐwǔ		rise at rooster's crow and practise with the sword
2.	义气	yìqi	（名）	personal loyalty
3.	打抱不平	dǎbào-bùpíng		defend somebody against an injustice

4.	艰苦	jiānkǔ	（形）	hard	
5.	微薄	wēibó	（形）	meager	
6.	学问	xuéwen	（名）	knowledge	
7.	现状	xiànzhuàng	（名）	present situation	
8.	不知不觉	bùzhī-bùjué		unconsciously	
9.	剑	jiàn	（名）	sword	
10.	习武	xíwǔ	（动）	to practise martial arts	
11.	公鸡	gōngjī	（名）	rooster	
12.	爽快	shuǎngkuai	（形）	straightforward	
13.	酷暑	kùshǔ	（名）	hot summer	
14.	寒冬	hándōng	（名）	chilly winter	
15.	间断	jiànduàn	（动）	to stop	
16.	全才	quáncái	（名）	all-rounder	
17.	奋起	fènqǐ	（动）	to rise vigorously	
18.	拼搏	pīnbó	（动）	to go all out in work	

专有名词 Proper Nouns

1.	东晋	Dōngjìn	the Eastern Jin Dynasty
2.	祖逖	Zǔ Tì	a militarist of the Eastern Jin Dynasty
3.	洛阳	Luòyáng	the capital of the Eastern Jin Dynasty
4.	刘琨	Liú Kūn	a militarist of the Eastern Jin Dynasty

成语今用 Modern Usage

1. 2016 年，奔驰销售公司向中国消费者交付 480 944 辆新车，同比增长 28%，创造了其在华最佳年度销量纪录，并实现了其自成立以来第 46 个月的连续增长。数字背后，肯定是大量的艰苦工作。面对残酷的市场竞争，奔驰用"**闻鸡起舞**"形容，敲响了迈向未来的钟声。

（摘自搜狐网《销量之外，梅赛德斯-奔驰的"闻鸡起舞"》2017 年 1 月 21 日）

2. 中国经济稳中有进、稳中向好的态势绝非仅仅表现在"数字"上，更是在质量和效益上。新的一年里，重点改革和重大政策效果还将不断显现，中国经济正"**闻鸡起舞**"。

（摘自中国青年网《中国经济开年 "闻鸡起舞"，稳中向好》2017 年 2 月 16 日）

练习 Practice

一、答一答　Let's Answer

根据课文内容回答下面的问题。

1. 祖逖为什么受到老百姓的尊敬？
2. 祖逖小时候为什么邻居都很喜欢他？
3. 为什么祖逖开始勤奋学习？
4. 祖逖和刘琨半夜听到鸡叫声之后做什么？
5. 现在人们常用"闻鸡起舞"这个成语形容什么？

二、查一查　Look Up the Words

查词典，解释下面的成语，并找出"闻鸡起舞"的近义词与反义词，填到下面的表格里，再给每一个成语造一个句子。

发愤图强　　　　　无所事事　　　　　自强不息
自暴自弃　　　　　废寝忘食　　　　　苟且偷生

近义词	反义词

1. 发愤图强

   _____

2. 无所事事

   _____

3. 自强不息

   _____

4. 自暴自弃

   _____

5. 废寝忘食

6. 苟且偷生

补充知识 Supplementary Information

《晋书》

《晋书》是二十四史之一，记载了从三国时期司马懿早期到东晋恭帝元熙二年（420年）为止包括西晋与东晋100多年的历史，并且用"载记"的形式兼述了十六国割据政权的兴亡。《晋书》原有叙例、目录各1卷，帝纪10卷，志20卷，列传70卷，载记30卷，共132卷。后来叙例、目录失传，今存130卷。

《晋书》由唐代房玄龄等人合著，作者共21人，而且都留下了姓名，这在历代皇朝修史工作中并不多见。晋书的修撰从贞观二十年（646年）开始，贞观二十二年（648年）成书，历时不到三年。《晋书》修撰时间比较短，主要有两个原因：一是《晋书》是官修史书，人力、物力、财力都有足够的保障，与私人修史相比有较大优势；二是有很多从前的晋史著述作为参考资料，因此成书较快。

西晋结束了三国时期几十年的分裂局面，但它的统一却很短暂，不久之后便形成了东晋和十六国、南朝和北朝的长期对立。唐太宗作为唐朝的第二位君主，希望以晋朝的成败兴衰为借鉴。因此，唐太宗十分重视《晋书》的修撰，并亲自为《晋书》的《宣帝纪》《武帝纪》《陆机传》《王羲之传》等写了史论。

《晋书》中的成语

出自《晋书》的成语数量有不少，例如：

1. 功败垂成

出处：庙算有余，良图不果；降龄何促，功败垂成。（《晋书·谢玄传论》）

释义：事情在快要成功的时候遭到失败，含有惋惜之意。

例句：不仅使王荆公的事业**功败垂成**，连他的心事也整整受了一千年的冤屈。（郭沫若《秦淮河畔》）

2. 过目不忘

出处：耳闻则诵，过目不忘。（《晋书·苻融载记》）

释义：书看过一眼就能记住，形容记忆力非常强。

例句：读书的**过目不忘**，就令其弟子瞠目。(郭齐勇《熊十力思想研究》)

3. 可乘之机

出处：宜缮甲养锐，劝课农殖，待可乘之机，然后一举荡灭。(《晋书·吕纂传》)

释义：可以利用的机会。

例句：过去都怪我气量窄、脾气躁，所以弄得兄弟们犯了生涩，给官兵以**可乘之机**。(姚雪垠《李自成》)

4. 势如破竹

出处：今兵威已振，譬如破竹，数节之后，皆迎刃而解。(《晋书·杜预传》)

释义：形势像劈竹子一样，劈开上端之后，底下的都随着刀刃分开了。比喻打仗或工作毫无阻碍，节节胜利。

例句：我本来一路**势如破竹**，可恨前锋无能，使我不能大获全胜。(蒋和森《风萧萧》)

课文二

精忠报国

　　北宋末年,河南省汤阴县岳家村的一户农民家里,一个小男孩出生了。他的父母正在考虑给孩子起什么名字的时候,一群大雁从天空飞过,父母高兴地说:"就叫岳飞吧。希望我们的儿子像这群大雁一样,以后能飞得又高又远。"于是,岳飞的名字就这样定下来了。

　　虽然岳飞的家境贫穷,但母亲对岳飞的家教非常严格,在母亲的严格教育下,岳飞为人十分正直刚强。

　　有一次,岳飞的几个好朋友因为穷得没有饭吃,来约岳飞一起去抢劫。岳飞想到母亲平时总是教导自己要做正直的人,因此没有答应,并且劝朋友们说:"抢劫是违背道德、违反法律的,你们千万不要做!"他的好朋友们再三劝说,岳飞都没有同意。这时候,岳飞的母亲从外面回来了,岳飞一五一十地把情况告诉了母亲,母亲高兴地说:"孩子,你做得很对,人穷志不穷,我们不能做那些伤天害理的事。"

　　岳飞十几岁时,北方的金国攻打北宋,北宋皇帝腐败无能,国家处在生死存亡的时刻。母亲把岳飞叫到跟前,说:"现在正是国难当头之时,你有什么打算吗?"岳飞斩钉截铁地说:"我要去战场杀敌,精忠报国!"

　　岳母听了儿子的回答,十分满意,"精忠报国"正是她对儿子的希望。她决定把这四个字刺在儿子的背上,让他永远记住这一誓言。母亲问:"你怕痛吗?"岳飞说:"小小钢针算不了什么,如果连针都怕,怎么去打仗杀敌呢?"岳母先在岳飞背上写了字,然后用针刺了起来,刺完之后,岳母又涂上了醋墨。从此,"精忠报国"四个字永远留在了岳飞的后背上。

　　后来,岳飞以"精忠报国"为座右铭,前往战场,英勇杀敌,立下了许多功劳,成为著名的爱国英雄。

　　现在,人们常用"精忠报国"形容忠诚地为祖国效力。

(故事来源:《宋史·岳飞传》)

生词 New Words

1. 精忠报国　　jīngzhōng-bàoguó　　　　　　repay the country with supreme loyalty
2. 大雁　　　　dàyàn　　　　　　　　(名)　wild goose
3. 刚强　　　　gāngqiáng　　　　　　(形)　tough

4. 抢劫	qiǎngjié	（动）	to rob
5. 一五一十	yīwǔ-yīshí		to relate in detail
6. 伤天害理	shāngtiān-hàilǐ		do things that are against reason and nature
7. 国难当头	guónàn-dāngtóu		the country is faced with a crisis
8. 斩钉截铁	zhǎndīng-jiétiě		categorically
9. 刺	cì	（动）	to stab
10. 誓言	shìyán	（名）	oath
11. 钢	gāng	（名）	steel
12. 针	zhēn	（名）	needle
13. 醋墨	cùmò	（名）	vinegar ink
14. 座右铭	zuòyòumíng	（名）	motto
15. 战场	zhànchǎng	（名）	battlefield

专有名词 Proper Nouns

1. 北宋	Běisòng	the Northern Song Dynasty
2. 河南省	Hénán Shěng	Henan Province
3. 汤阴县	Tāngyīn Xiàn	Tangyin County
4. 岳家村	Yuèjiā Cūn	Yue Village
5. 岳飞	Yuè Fēi	a general of the Southern Song Dynasty; model of patriotism for his stand against the Jin invaders
6. 金国	Jīnguó	Jin State

成语今用 Modern Usage

1. 习近平曾将伟大的抗战精神归纳为"天下兴亡、匹夫有责的爱国情怀""视死如归、宁死不屈的民族气节""不畏强暴、血战到底的英雄气概",以及"百折不挠、坚忍不拔的必胜信念"。一言以蔽之,就是"**精忠报国**"四个字。

（摘自人民日报客户端《在习近平眼中,他们是民族最闪亮的坐标》2019 年 4 月 6 日）

2. **精忠报国**,是为国家竭尽忠诚、牺牲一切,是一个人对一个国家和民族的挚爱情怀和赤胆忠诚。海归科学家黄大年,深具**精忠报国**的高尚情怀。

（摘自新浪网《有种科学家的情怀叫"精忠报国"》2018 年 5 月 17 日）

练习 Practice

一、答一答　Let's Answer

根据课文内容回答下面的问题。

1. 岳飞的父母为什么给岳飞起这个名字？
2. 岳飞的母亲对岳飞的家教怎么样？
3. 岳飞为什么拒绝朋友们的邀请？
4. 国难当头之时，岳飞最想做的事情是什么？
5. 岳飞的母亲为什么要在岳飞的背上刺字？
6. 现在人们常用"精忠报国"这个成语形容什么？

二、查一查　Look Up the Words

查词典，解释下面的成语，并找出"精忠报国"的近义词与反义词，填到下面的表格里，再给每一个成语造一个句子。

舍身为国　　　　毁家纾难　　　　丧权辱国
卖国求荣　　　　怀宝迷邦　　　　捐躯报国

近义词	反义词

1. 舍身为国

_____

2. 毁家纾难

_____

3. 丧权辱国

_____

4. 卖国求荣

_____

5. 怀宝迷邦

_____

6. 捐躯报国

_____

补充知识 Supplementary Information

《宋史》

宋朝（960—1279）是上承五代十国，下启元朝的朝代，分北宋与南宋两个阶段，共历十八帝，前后共 319 年历史。

《宋史》由元朝丞相脱脱和阿鲁图先后主持修撰，该书从元顺帝至正三年（1343 年）三月开始修撰，至正五年（1345 年）十月成书。

全书共 496 卷，包括本纪 47 卷、志 162 卷、表 32 卷、列传 255 卷，是中国二十四史中最庞大的一部史书，字数多达 500 万。由于修撰时间仓促，它也是二十四史中问题最多，后人已经或者想要重修的最多的正史之一。

但是，《宋史》对于宋朝的政治、经济、文化、军事、民族关系、典章制度以及这一历史时期的许多人物都做了较为详尽的记述，是研究两宋 300 多年历史的重要史料。

《宋史》中的成语

今天常用的不少成语出自《宋史》，例如：

1. 好高骛远

出处：病学者厌卑近而骛高远，卒无成焉。（《宋史·道学传一·程颢传》）

释义：喜欢高的，追求远的。形容不切实际地追求过高的目标。

例句：自不量力，既然害怕考试，为什么还报名？**好高骛远**，光想一鸣惊人。（蒋子龙《弧光》）

2. 老奸巨猾

出处：老奸巨猾，匿身州县，舞法扰民，盖甚前日。（《宋史·食货志上》）

释义：形容十分奸诈狡猾。

例句：对于这一批**老奸巨猾**们的心理，他是洞若观火。（郑振铎《桂公塘》）

3. 励精图治

出处：厉精图治，将大有为。（"励"本作"厉"）（《宋史·神宗纪赞》）

释义：振作精神，想办法治理好国家。

例句：满清末年，广西在一些新人物的**励精图治**下，颇有朝气勃勃的现象。（唐德刚《李宗仁回忆录》）

4. **束手就擒**

出处：与其束手就擒，曷若死战，然未必死。（《宋史·符彦卿传》）

释义：捆起手来由人捉拿，形容因无法脱逃或无力反抗而甘愿被擒获。

例句：倘若害怕造反，瞻前顾后，囿于书本上的"忠孝"二字，必将**束手就擒**。（姚雪垠《李自成》）

成语常识（九）

具有典型故事性的成语

在成语中，有一些特殊的类型，从字面意义完全看不出来成语的含义，需要了解成语背后的故事才能理解成语的含义。例如：

1. 愚公移山

释义：通过故事中愚公的坚持不懈与智叟的胆小怯懦以及"愚"与"智"的对比告诉人们，无论遇到什么困难，只要有恒心、有毅力地做下去，就有可能成功。

例句：这账就给儿子。儿子可以再给孙子。**愚公移山**，那就是世代挖山不止。（贾平凹《龙卷风》）

2. 叶公好龙

释义：用叶公表面很喜欢龙，实际上不喜欢的故事，比喻自称爱好某种事物，实际上并不是真正爱好，甚至是惧怕、反感。

例句：平日里，你总是说要惟才是举，到了真用人的时候，怎么就变得**叶公好龙**了呢？（周志方《贞观长歌》）

3. 精卫填海

释义：以精卫衔来木石，决心填平大海的故事，比喻按照既定的目标，坚忍不拔地奋斗到底。

例句：陈老对具有愚公移山、**精卫填海**精神的支部书记是那样热情讴歌赞颂。（尹品端《"衔木到终古"》）

4. 买椟还珠

释义：买来装珍珠的木匣，退还了珍珠。比喻没有眼力，取舍不当。

例句：企业家要想具备这个素质，不犯**买椟还珠**的错误，必须要提高自身的文化修养和眼界，必须要建立一个正确的核心价值观。（凤凰网《不要"买椟还珠"，企业管理不要本末倒置》2013年10月8日）

5. 守株待兔

释义：战国时宋国有一个农民，看见一只兔子撞在树根上死了，便放下锄头在树根旁等待，希望再得到撞死的兔子。比喻不主动地努力，而存万一的侥幸心理，希望得到意外的收获。也比喻那些不知变通、死守教条的思想方法。

例句：务要见景生情，切莫**守株待兔**。（《增广贤文》）

第十篇　敬业篇

名人名言

凡事都要脚踏实地去作，不驰于空想，不骛于虚声，而惟以求真的态度作踏实的工夫。以此态度求学，则真理可明；以此态度作事，则功业可就。

——李大钊

谁肯认真地工作，谁就能做出许多成绩，就能超群出众。

——［德］恩格斯

人生在世是短暂的，对这短暂的人生，我们最好的报答就是工作。

——［美］爱迪生

学习目标 >>

1. 了解成语故事"愚公移山""鞠躬尽瘁"，并能够在生活中正确地使用这两个成语。
2. 理解"愚公移山""鞠躬尽瘁"这两则成语故事背后所体现的敬业观。
3. 了解一些与味道有关的成语。
4. 了解《列子》和《三国演义》。

课文一

愚公移山

　　很久以前，有一位老人名叫<u>愚公</u>，他已经快九十岁了。愚公家门口有两座大山，一座叫<u>太行山</u>，一座叫<u>王屋山</u>。这两座山正好挡在愚公家的门口，所以愚公一家出入的时候非常不方便。

　　有一天，愚公把家里的人叫到一起商量说："咱们全家一起把这两座大山移开，开通一条大路，你们觉得怎么样？"全家人听了，都赞同他的建议，只有他的妻子提出了一个疑问，说："这是不可能的，你连搬一个小山包的力气都没有，又怎么能把太行、王屋这两座大山搬走呢？就算你搬得动，挖出来的那些石头和泥土扔到哪里去呢？"愚公听了，胸有成竹地说："把它们扔到海里去就可以啦！"

　　于是，愚公领着儿子们和孙子们来到山坡上开始挖起来，再把挖出来的石土运到海边去。邻居家一位妇女有一个年幼的儿子，也蹦蹦跳跳地跑去帮助愚公。

　　这时候，一位叫<u>智叟</u>的老人看见了愚公一家在移山。他忍不住嘲笑愚公："你怎么这么糊涂啊！你这么老了，没有什么力气了，居然要移两座山，恐怕到你死的那一天也不可能把大山移走吧？"

　　愚公听了智叟的话，笑着说："智叟，我觉得你才糊涂呢！你连小孩子都不如。虽然我会死，可是我还有儿子啊！儿子又生孙子，孙子又生儿子，这样子子孙孙一直挖下去，而这两座山再也不会增高了，总有一天会挖完的。世界上没有什么克服不了的困难！"智叟听了，无言以对。

　　<u>山神</u>听到了愚公的这些话，担心他挖山不止，就去告诉了<u>玉皇大帝</u>。玉皇大帝被愚公移山的诚意感动了，就派了两个神仙把两座大山背走了。从此以后，愚公家门口就再也没有大山挡路了。

　　后来，大家用"愚公移山"比喻做事情只要不怕困难，坚持不懈，就一定能获得成功。

（故事来源：《列子·汤问》）

生词 New Words ▶▶

1. 愚公移山　　yúgōng-yíshān　　the Foolish Old Man who removed the mountains; the determination to win victory and the courage to surmount every difficulty

115

2.	挡	dǎng	（动）		to block
3.	山包	shānbāo	（名）		hill
4.	胸有成竹	xiōngyǒuchéngzhú			self-assured
5.	无言以对	wúyányǐduì			speechless
6.	诚意	chéngyì	（名）		sincerity
7.	神仙	shénxiān	（名）		supernatural being
8.	坚持不懈	jiānchí-búxiè			persevere

专有名词 Proper Nouns

1. 愚公　　　　Yúgōng　　　　　　Foolish Old Man, name of a person
2. 太行山　　　Tàiháng Shān　　　name of a mountain in front of Yu Gong's door
3. 王屋山　　　Wángwū Shān　　　name of a mountain in front of Yu Gong's door
4. 智叟　　　　Zhìsǒu　　　　　　Wise Old Man, name of a person
5. 山神　　　　Shānshén　　　　　mountain god
6. 玉皇大帝　　Yùhuáng Dàdì　　　the Jade Emperor

成语今用 Modern Usage

1. 伟大的时代需要伟大的精神，伟大的精神成就伟大的事业。一如既往地传承和发扬**愚公移山**精神，让其在新时代焕发出更加璀璨的光芒，凝聚改革发展稳定的强大正能量，这是时代所需。

（摘自《人民日报》《新时代仍需弘扬愚公移山精神》2015 年 6 月 9 日）

2. 走在三代人 55 年种下的百万亩林海，目睹沙地和塞罕坝形成的强烈颜色对比，看到林三代在头皮土上攻坚造林……那一刻，我们就能真切地明白什么叫水滴石穿、**愚公移山**！

（摘自河北省人民政府网站《一群平凡的人创造了塞罕坝事迹——记者心中的塞罕坝》2017 年 8 月 12 日）

练习 Practice

一、答一答　Let's Answer

根据课文内容回答下面的问题。

1. 愚公为什么要移山？
2. 愚公的家人对愚公移山的建议有什么看法？

3. 愚公计划怎么处理移山时挖出来的石头和泥土?
4. 除了愚公和家人,还有谁帮助愚公移山?
5. 智叟是怎么评价愚公移山的行为的?
6. 愚公最后是怎么把山移走的?
7. 现在中国人常用"愚公移山"这个成语来比喻什么?

二、查一查 Look Up the Words

查词典,解释下面的成语,并找出"愚公移山"的近义词与反义词,填到下面的表格里,再给每一个成语造一个句子。

  半途而废   持之以恒   虎头蛇尾
  锲而不舍   水滴石穿   一曝十寒

近义词	反义词

1. 半途而废
   _____

2. 持之以恒
   _____

3. 虎头蛇尾
   _____

4. 锲而不舍
   _____

5. 水滴石穿
   _____

6. 一曝十寒
   _____

补充知识 Supplementary Information

《列子》

《列子》又叫《冲虚至德真经》，是列子和他的弟子所写的一本道家学派经典著作，是中国古代先秦思想文化史上著名的典籍，是一部智慧之书，它能开启人们心智，给人以启发，给人以智慧。

列子（公元前450—公元前375），本名御寇（"列子"是后人对他的尊称），周王郑公国圃田（今河南省郑州市）人。道家学派的杰出代表人物，战国时期著名的思想家、哲学家、文学家、教育家。列子对后世哲学、美学、文学、科技、养生、乐曲、宗教影响非常深远，是介于老子与庄子之间道家学派承前启后的重要传承人物。

《列子》中的成语

在《列子》一书中，有不少蕴含人生大道理的成语故事，这些成语故事流传至今，是中国人最宝贵的精神财富之一。例如：

1. 高山流水

出处：伯牙鼓琴，志在高山，钟子期曰："善哉，峨峨兮若泰山！"志在流水，钟子期曰："善哉，洋洋兮若江河！"（《列子·汤问》）

释义：指知己或知音难遇，也比喻乐曲高妙。

例句：玉燕，我怎么就遇上了你，真所谓**高山流水**，相见恨晚啊！（凌力《星星草》）

2. 杞人忧天

出处：杞国有人，忧天地崩坠，身亡所寄，废寝食者。（《列子·天瑞》）

释义：杞国有个人担心天会塌下来，吃饭睡觉都感到不安。借指为不必要忧虑的事情而忧虑。

例句：研究这些可能灭亡人类的危险也并不是**杞人忧天**，这些威胁都真实地存在着，所以我们必须早做准备。（腾讯新闻《研究世界末日是杞人忧天？科学家：非常有必要》2018年7月1日）

3. 迫在眉睫

出处：虽远在八荒之外，近在眉睫之内，来干我者，我必知之。（《列子·仲尼》）

释义：已经逼近眉毛和眼睫毛之间。形容事情临近眼前，十分紧迫。

例句：目前，餐厨垃圾的不当处理已成为致霾致癌的重要原因，要采用更先进的科学方法治理已**迫在眉睫**，刻不容缓。（《中国质量报》《处理不当致霾致癌，餐厨垃

圾强化治理迫在眉睫》2018年8月21日）

4. **余音绕梁**

出处：昔韩娥东之齐，匮粮，过雍门，鬻歌假食，既去而余音绕梁，三日不绝，左右以其人弗去。(《列子·汤问》)

释义：歌唱停止后，余音好像还在绕着屋梁回旋，形容歌声或音乐优美，耐人回味。

例句：有人唱了第一句，就此起彼落，**余音绕梁**了。（宗璞《南渡记》）

课文二

鞠躬尽瘁

诸葛亮出生于东汉末年,他足智多谋,作为三国时期蜀国的丞相,是中国历史上一位著名的政治家、军事家与文学家。

在诸葛亮成为蜀国的丞相之前,刘备听说他很有才华,带着礼物到诸葛亮家中请他帮助自己,正好那天诸葛亮不在家,刘备只能失望地回去了。不久,刘备又和二弟关羽、三弟张飞冒着大风雪去请诸葛亮,可是诸葛亮又外出了。过了一段时间,刘备又去拜访诸葛亮,此时诸葛亮正在睡觉,刘备不但没有叫醒他,反而一直有礼貌地站到诸葛亮自己醒来,才坐下开始谈话。诸葛亮见刘备有志替国家做事,而且诚恳地请他帮助,就出来全力帮助刘备了。这就是众所周知的"三顾茅庐"的故事。

后来,诸葛亮为了报答刘备欣赏自己才华的恩情,一直全心全意协助刘备。刘备在诸葛亮的帮助下,建立了蜀汉政权,从此和曹魏、东吴形成了三分天下的局面。

刘备生病去世后,儿子刘禅当了皇帝。诸葛亮本来应该回到老家,安心地度过晚年的生活,但是他为了报答刘备对自己的恩情,决定帮助刘禅统一天下。于是,诸葛亮开始精心策划,准备攻打魏国。

在出兵之前,诸葛亮写了《后出师表》给刘禅,详细分析了攻打魏国的道理。为了报答刘备的恩情,诸葛亮在最后写道:"臣鞠躬尽瘁,死而后已。"

后来人们用"鞠躬尽瘁"这个成语比喻不辞劳苦,奋斗终生,大公无私的高贵品质。

(故事来源:《三国志·蜀志·诸葛亮传》《后出师表》)

生词 New Words

1. 鞠躬尽瘁	jūgōng-jìncuì		to give the last measure of devotion
2. 足智多谋	zúzhì-duōmóu		resourceful
3. 丞相	chéngxiàng	(名)	prime minister
4. 才华	cáihuá	(名)	talent
5. 拜访	bàifǎng	(动)	to visit
6. 众所周知	zhòngsuǒzhōuzhī		as everyone knows
7. 三顾茅庐	sāngù-máolú		visit the cottage thrice in succession
8. 全心全意	quánxīn-quányì		wholeheartedly

9.	协助	xiézhù	（动）	to assist
10.	政权	zhèngquán	（名）	regime
11.	策划	cèhuà	（动）	to plan
12.	出兵	chūbīng	（动）	dispatch troops

专有名词 Proper Nouns

1.	诸葛亮	Zhūgě Liàng	a prime minister of Shu Kingdom (an outstanding politician and militarist in the Three-Kingdoms period)
2.	三国	Sānguó	the Three-Kingdoms period
3.	刘备	Liú Bèi	the founder of Shu Kingdom in the Three-Kingdoms period
4.	关羽	Guān Yǔ	a general allied to Liu Bei
5.	张飞	Zhāng Fēi	a general allied to Liu Bei
6.	蜀汉	Shǔhàn	the Kingdom of Shu Han, one of the Three Kingdoms
7.	曹魏	Cáowèi	Wei Kingdom of the Three Kingdoms
8.	东吴	Dōngwú	Wu Kingdom of the Three Kingdoms
9.	刘禅	Liú Shàn	the son of Liu Bei
10.	《后出师表》	Hòu Chūshī Biǎo	an article written by Zhuge Liang

成语今用 Modern Usage

1. 如今中国男篮的整体水平仍然难有质的飞跃，相比于大郅出色的进攻技巧，如今的内线球员没有一个能做得如此细腻，当看到小伙子们拼尽全力也难换来胜利，你是否会想念这个为中国男篮**鞠躬尽瘁**的老男孩？
（摘自新浪网《宣布退役后突然复出！能够如此鞠躬尽瘁的也只有这位男篮老大哥了》2017年6月27日）

2. 他也继承了作为报人的父亲的脾气秉性，敢讲话，说真话，以实际行动践行着"慷慨陈词岂能皆如人意，**鞠躬尽瘁**但求无愧于心"的人生格言。
（摘自《中国经济时报》《专访成思危："中国风险投资之父"的多彩人生（上篇）》2013年10月24日）

练习 Practice

一、答一答 Let's Answer
根据课文内容回答下面的问题。
1. 刘备为什么要去请诸葛亮？
2. "三顾茅庐"说的是什么故事？
3. 诸葛亮为什么决定接受刘备的邀请？
4. "三分天下"指的是哪三个政权？
5. 《后出师表》的内容主要是什么？
6. 诸葛亮为什么要帮助刘禅攻打魏国？
7. 现在人们常用"鞠躬尽瘁"这个成语来比喻什么？

二、查一查 Look Up the Words
查词典，解释下面的成语，并找出"鞠躬尽瘁"的近义词与反义词，填到下面的表格里，再给每一个成语造一个句子。

    敷衍塞责   殚精竭虑   死而后已
    呕心沥血   视同儿戏   玩忽职守

近义词	反义词

1. 敷衍塞责

_____

2. 殚精竭虑

_____

3. 死而后已

_____

4. 呕心沥血

_____

5. 视同儿戏

_____

6. 玩忽职守

_____

补充知识 Supplementary Information

《三国演义》

《三国演义》描写了从东汉末年到西晋初年之间近百年的历史,以描写战争为主,作者是元末明初的罗贯中(约1330—约1400)。

"三国"的故事一直以来都是在中国历史上最让人们津津乐道的一段。故事中充满了精彩的人物,比如诸葛亮、关羽、刘备、曹操、周瑜等,每一个人物都有不同的魅力,这些人物的故事个个生动丰富。

《三国演义》一开始,写的是众所周知的故事"桃园结义"。在东汉末年,朝政腐败,再加上多年灾荒,老百姓的生活非常困难。刘备希望让百姓过上好的生活,张飞、关羽也愿意和刘备一起奋斗。三人情投意合,选择在一个桃园里结义。三个人按照年龄大小结拜为三兄弟,刘备年纪最大,所以做了大哥,关羽排第二,张飞最小,所以做了三弟。这就是《三国演义》中最有名的"桃园结义"的故事。

《三国演义》中的成语

除了"三顾茅庐""桃园结义"等,《三国演义》中还有不少常用的成语,例如:

1. 宝刀不老

出处:忠怒曰:"竖子欺吾年老!吾手中宝刀却不老。"(《三国演义》第七十回)

释义:指年纪虽老,但功夫或技术并没有减退。

例句:关山林就是这么主宰着这个家,在他年届七十的时候,他仍然雄心不眠,**宝刀不老**。(邓一光《我是太阳》)

2. 大惊失色

出处:忽见曹操带剑入宫,面有怒色,帝大惊失色。(《三国演义》第二十四回)

释义:大为吃惊,脸色失常。形容十分惊恐害怕。

例句：可是他一见到带枪的人就**大惊失色**，浑身筛糠似的哆嗦，还没有问到他，他就主动说了。(张贤亮《男人的一半是女人》)

3. 军令如山

出处：云长曰："愿依军法。"孔明曰："如此，立下文书。"云长便与了军令状。(《三国演义》第四十九回)

释义：军事命令像山一样不可动摇。

例句：兵士都怕象阵厉害，未敢前进，只因**军令如山**，不得不硬着头皮，勉强上前。(蔡东藩《清史通俗演义》)

4. 以卵击石

出处：强欲与争，正如以卵击石，安得不败乎！(《三国演义》第四十三回)

释义：用蛋碰石头。比喻不估计自己的力量，自取灭亡。

例句：也是你们这般年轻学生，才有这种莽劲！明明晓得军队是久练之师，又有利器在手，仍然要去拼命。古人说的**以卵击石**，莫非没有想到么？(李劼人《大波》)

成语常识（十）

中国有句俗话叫"民以食为天，食以味为先"。中国食物的味道在传统上被分为五种，即酸、甜、苦、辣、咸。在汉语中，人们逐渐把这味道的词汇意义扩散引申，形成了许多包含味道词语的成语，有的使用的是这些味道的本义，但大部分已经引申出了其他含义。

1. 酸

（1）尖酸刻薄

释义：说话带刺伤人，待人冷酷无情。

例句：即使在我以为是直道而行，他们也仍可认为"**尖酸刻薄**"。（鲁迅《三闲集·我的态度气量和年纪》）

（2）酸文假醋

释义：形容装出一副文雅有礼貌的样子。

例句：杨绛说过"读书是为了遇见更好的自己"。学习不是狭隘的，不是为文凭学历，升官发财的，更不是**酸文假醋**，故作清高寡淡的。而是为了重新塑造我们自己的精神长相，让我们视野更开阔些，能以更好的视角来诠释这个世界。（共产党员网《一个人的精神长相》2015年12月3日）

2. 甜

（1）甜言蜜语

释义：说的话像蜜糖一样甜。比喻动听而骗人的话。

例句：假话却不一定就是谎话，有些**甜言蜜语**或客气话，说得过火，我们就认为假话。（朱自清《论老实话》）

（2）忆苦思甜

释义：回忆在旧社会被压迫、被剥削的痛苦，想新社会幸福生活的来之不易，从而提高思想觉悟。

例句：**忆苦思甜**不是为了忆苦，更不是为了思甜，它的最终目的在于铭记历史，不忘初心，继续前行。（中国文明网《"忆苦思甜"不是一句口号》2016年10月19日）

3. 苦

（1）愁眉苦脸

释义：忧愁得眉头紧锁，哭丧着脸。形容愁苦的神情。

例句：她平常整天都是**愁眉苦脸**的，你来了她才有说有笑。（巴金《春》）

（2）含辛茹苦

释义：经受艰辛困苦。

例句：程维利飞黄腾达的日子到了，那种**含辛茹苦**的日子结束了。（黎汝清《叶秋红》）

4. 辣

（1）心狠手辣

释义：心肠凶狠，手段毒辣。

例句：乌云早就听说专案组的那些人**心狠手辣**，他们肯定打了他。（邓一光《我是太阳》）

（2）酸甜苦辣

释义：比喻人生的幸福、欢乐、痛苦、磨难等各种境遇。

例句：**酸甜苦辣**，种种滋味搅合在一起，索性任情地倾吐。（叶圣陶《微波》）

第十一篇　诚信篇

名人名言

言不信者，行不果。

——墨子

如果要别人诚信，首先要自己诚信。

——［英］莎士比亚

生命不可能从谎言中开出灿烂的花朵。

——［德］海涅

学习目标 >>

1. 了解成语故事"一诺千金""取信于民"，并能够在生活中正确地使用这两个成语。
2. 理解"一诺千金""取信于民"这两则成语故事背后所体现的诚信观。
3. 了解一些与介词"于"有关的成语。
4. 了解什么是四书五经；了解商鞅变法的历史故事。

课文一

一诺千金

秦朝末年,楚地有一个叫季布的人,性格直爽,乐于助人,而且说话算话,只要是他答应过的事情,无论有多大困难,都会想办法做到,所以深受大家的欢迎。慢慢地,楚地开始流传着这样一句话:"得黄金千两,不如得季布一诺。"

楚汉相争的时候,季布是项羽的下属,曾经多次帮助项羽的军队打败刘邦的军队。刘邦当了皇帝以后,想起这件事情就非常生气,因此想要抓住季布,让他受到惩罚。但是,许多季布曾经帮助过的人都偷偷帮季布逃跑。

后来,季布到鲁地一户姓朱的人家当佣工,朱家的人明明知道他就是刘邦正在寻找的季布,但是仍然收留了他。原来,朱家的主人也曾得到季布的帮助。

朱家的主人专门到洛阳去找刘邦的老朋友夏侯婴说情,夏侯婴非常欣赏季布,所以很愿意帮忙。最后,刘邦在夏侯婴的劝说下,同意不再抓季布,而且还给了季布一个官职。

后来人们用"一诺千金"比喻君子的高尚境界,只有懂得诚信才能赢得他人的信任与尊重,这也说明履行诺言的重要性。

(故事来源:司马迁《史记·季布栾布列传》)

生词 New Words

1. 一诺千金　　yínuò-qiānjīn　　　　　　　to keep promise
2. 直爽　　　　zhíshuǎng　　　　（形）　straightforward
3. 乐于助人　　lèyúzhùrén　　　　　　　　be willing to help others
4. 流传　　　　liúchuán　　　　　（动）　to spread
6. 佣工　　　　yōnggōng　　　　　（名）　servants
7. 收留　　　　shōuliú　　　　　　（动）　to take in
8. 说情　　　　shuōqíng　　　　　（动）　to plead
9. 君子　　　　jūnzǐ　　　　　　　（名）　gentleman
10. 境界　　　　jìngjiè　　　　　　（名）　level
11. 履行　　　　lǚxíng　　　　　　（动）　to fulfill

专有名词 Proper Nouns

1. 楚地　　　　Chǔdì　　　　　　　　Ancient Chu State
2. 季布　　　　Jì Bù　　　　　　　　 a general of the Western Chu Dynasty
3. 楚汉相争　　Chǔ Hàn Xiāngzhēng　　the Chu-Han Contention
4. 项羽　　　　Xiàng Yǔ　　　　　　　a prominent military leader of Chu State in the late Qin Dynasty
5. 鲁地　　　　Lǔdì　　　　　　　　 Lu State
6. 夏侯婴　　　Xiàhóu Yīng　　　　　a founding official of the Han Dynasty

成语今用 Modern Usage

1. 令曾先生诧异并动容的是，两年多前的2012年9月，我们迄今还不知道姓名的这位大学生，因为父亲得了白血病，不得已在微博求助，并承诺是借钱，三至五年连本带利一起还！如今兑现，说到做到，**一诺千金**。

（摘自中国文明网《一诺千金的大学生代表了"中国好精神"》2015年5月13日）

2. 对孩子"**一诺千金**"，是父母的一种责任，通过这份承诺，让孩子懂得"言而有信"的做人道理，也让孩子在这份承诺里感受到了父母"言必行、行必果"的做事风格。

（摘自《三亚日报》《对孩子更要"一诺千金"》2018年4月26日）

练习 Practice

一、答一答　Let's Answer

根据课文内容回答下面的问题。
1. 季布的性格怎么样？
2. 为什么季布受到大家的欢迎？
3. 刘邦为什么想抓季布？
4. 是什么人在帮助季布？
5. 姓朱的人家认识季布吗？
6. 刘邦最后为什么没有再抓季布？
7. 后来人们用"一诺千金"比喻什么？

二、查一查　Look Up the Words

查词典，解释下面的成语，并找出"一诺千金"的近义词与反义词，填到下面的表格里，再给每一个成语造一个句子。

　　出尔反尔　　　　　说一不二　　　　　言而有信
　　言而无信　　　　　一言九鼎　　　　　自食其言

近义词	反义词

1. 出尔反尔
   _____

2. 说一不二
   _____

3. 言而有信
   _____

4. 言而无信
   _____

5. 一言九鼎
   _____

6. 自食其言
   _____

补充知识 Supplementary Information

四书五经

"四书五经"是"四书"和"五经"的合称，是儒家经典。

"四书"指《大学》《中庸》《论语》《孟子》四部经典。其中，《论语》《孟子》

分别是孔子、孟子及其弟子们的言论集,《大学》《中庸》则是《礼记》中的两篇。

《大学》是由曾子整理成文的孔子讲授"初学入德之门"的典籍,《中庸》是孔子的孙子子思所作,这两部书与《论语》《孟子》都代表了儒家的基本思想体系。因此,宋代的朱熹把这四部书编在一起。由于它们分别出自早期儒家的四位代表性人物:孔子、孟子、曾子、子思,所以称为"四子书",简称"四书"。

"五经"指《诗经》《尚书》《礼记》《周易》《春秋》五部经典,相传它们都经过孔子的编辑或修改。其中《礼记》包括三礼,即《仪礼》《周礼》《礼记》;《春秋》由于文字过于简略,难以理解,通常与解释《春秋》的《春秋左传》《春秋·公羊传》《春秋·谷梁传》合刊。五经之名始于汉代。

"四书五经"详细地记录了中华民族思想文化发展史上最活跃时期的政治、经济、军事、文化、外交等各方面的史实资料,反映了影响中国文化几千年的儒家思想。

课文二

取信于民

春秋时期，凡是大诸侯国没有不攻打周围小国的，而且不需要什么合理的理由，因此后人常常说"春秋无义战"。晋国的晋文公也一样会攻打周围的小国，但是他和其他诸侯不一样，他认为应该取信于民。

有一次，晋国的晋文公带领军队攻打原国。原国只是一个小国，晋文公和国民约定十天占领原国，所以命令士兵只携带十天的食物。可是十天时间到了，晋文公却没能成功占领原国，于是晋文公命令军队撤离。

这时，有人偷偷报告给晋文公说："原国最多只能再坚持三天了，这是占领原国千载难逢的好机会，马上就要取得胜利了。"晋文公思考了一下，语重心长地说："我跟国民约定十天的期限，现在十天已经到了，如果不回去，就失去了我的信用。为了得到原国而失去国民的信用，这样的事情我做不到。"于是晋文公命令军队撤离，全部回晋国去了。

原国的人民听说了这件事，都说："现在像晋文公这样讲信义的君王太少了，我们怎么能不听从他呢？"于是原国的老百姓纷纷向晋国投降。卫国的人听到这个消息，也都说："像晋文公这样讲信义的君王太难得了，我们怎么能不跟随他呢？"于是卫国的老百姓也纷纷向晋国投降。孔子听了之后，是这样评价晋文公的："晋文公攻打原国，竟然同时获得了卫国，是因为他能守信！"

晋文公把取信于民、取信于天下看成是最重要的原则，最终依靠诚信一步步走向了成功。今天人们用"取信于民"这个成语表示取得人民的信任。

（故事来源：《韩非子·外储说左上》）

生词 New Words

1.	取信于民	qǔxìnyúmín		to win the people's trust
2.	占领	zhànlǐng	（动）	to occupy
3.	携带	xiédài	（动）	to take
4.	撤离	chèlí	（动）	to evacuate
5.	千载难逢	qiānzǎi-nánféng		once-in-a-lifetime
6.	语重心长	yǔzhòng-xīncháng		sincerely
7.	期限	qīxiàn	（名）	deadline

8. 守信　　　　shǒuxìn　　　　　　　　（动）to keep one's word

专有名词 Proper Nouns

1. 原国　　　Yuánguó　　　　Yuan State in the Spring and Autumn period
2. 卫国　　　Wèiguó　　　　 Wei State in the Spring and Autumn period

成语今用 Modern Usage

1. 孔子曾教导弟子，"民无信不立"。不能**取信于民**，政府终将失去在百姓心中的立足之地。

（摘自人民日报《用政务诚信炼制"定心丸"》2016年11月22日）

2. 要确保慈善募捐特别是网络募捐活动的诚信，透明的运作机制不可或缺，监管方面也应更"给力"。对于罔顾法规的恶意"诈捐"行为，应当依法予以严惩、重罚，产生警示效应。**取信于民**，不辜负每一份信任，网络募捐才能走得更远。

（摘自新华网《取信于民，网络募捐才能走得更远》2017年12月27日）

练习 Practice

一、答一答　Let's Answer

根据课文内容回答下面的问题。
1. "春秋无义战"是什么意思？
2. 晋文公和春秋时期的其他诸侯有什么不一样的地方？
3. 攻打原国的时候，晋文公为什么只要士兵携带十天的食物？
4. 有人偷偷告诉了晋文公什么消息？
5. 为什么晋文公坚持撤离了军队？
6. 为什么原国的人都向晋国投降了？
7. 孔子是怎么评价晋文公的行为的？

二、查一查　Look Up the Words

查词典，解释下面的成语，再给每一个成语造个句子。
1. 不绝于耳

2. 耿耿于怀

   _____

3. 嫁祸于人

   _____

4. 无济于事

   _____

5. 喜形于色

   _____

6. 业精于勤

   _____

补充知识 Supplementary Information

商鞅变法

商鞅（约公元前395—公元前338），战国时期政治家、思想家，法家代表人物，卫国（在今河南省安阳市）人。

法家是中国历史上提倡以法治为核心思想的重要学派，以富国强兵为己任，商鞅、韩非子等都是法家的代表人物。商鞅通过变法使秦国成为富裕强大的国家，史称"商鞅变法"。

商鞅在秦国实施变法的时候，一开始人们都不相信他。于是，他在南城门竖起了一根三丈长的大木头，并且告诉大家："如果有人能把木头搬到北城门，我就奖赏他五十两黄金。"

许多人都不太相信，但还是有一个人按照商鞅说的做了。商鞅很有诚信，马上兑现了承诺，百姓们都佩服不已。商鞅借城门立木，先立信而后变法，树立起了"言必行、行必果"的形象，这才使得接下来的变法能顺利实施，最终使秦国逐渐强大起来。

后人都称赞商鞅城门立杆是取信于民的典范，所以能让变法深得民意。

成语常识（十一）

与介词"于"有关的成语

古代汉语中，介词"于"加宾语的结构放在它所修饰的成分后面，作补语。例如：
(1) 祸莫大于轻敌。
(2) 哀莫大于心死。
(3) 师及齐师战于郊。

大部分成语来自古代汉语，因此结构也与古代汉语的用法相似。例如：
(1) 嫁祸于人
(2) 人浮于事
(3) 言归于好

请你试一试，把下面现代汉语中介词"于"加宾语结构的顺序改成古代汉语中的语序，构成成语。

(1) 在心里非常清楚。了然＿＿＿＿＿＿ ＿＿＿＿＿＿
(2) 在大众面前公开。公之＿＿＿＿＿＿ ＿＿＿＿＿＿
(3) 残酷压迫剥削人民的政治比老虎还要可怕。苛政猛＿＿＿＿＿＿ ＿＿＿＿＿＿
(4) 把自己的祸事推给别人。嫁祸＿＿＿＿＿＿ ＿＿＿＿＿＿

第十二篇　友善篇

名人名言

爱人者，人恒爱之；敬人者，人恒敬之。

——孟子

别骄傲，别怀恨，别不肯原谅人。

——［英］狄更斯

善良的心就是太阳。

——［法］雨果

学习目标 >>

1. 了解成语故事"情同手足""四海之内皆兄弟"，并能够在生活中正确地使用这两个成语。
2. 理解"情同手足""四海之内皆兄弟"这两则成语故事背后所体现的友善观。
3. 了解一些非四字成语。
4. 了解中国古典长篇小说四大名著；了解《诗经》。

课 文 一

情同手足

　　春秋时期,齐国有一对关系很好的朋友,一个叫管仲,另一个叫鲍叔牙。他们俩从小一起读书、玩耍。管仲的家里曾经是贵族,但由于管仲的父亲去世得早,管仲和母亲相依为命,日子过得越来越艰难。鲍叔牙是管仲的同乡,比管仲大两岁,他的家境比较好。

　　他们长大后,一起投资做生意。因为管仲没有钱,所以本钱几乎都是鲍叔牙拿出来的。可是赚了钱以后,管仲拿到的钱比鲍叔牙还多,鲍叔牙的仆人看了,有些不满意地说:"管仲的本钱拿得比我们主人少,分钱的时候却拿得比我们主人还多,这样太不公平了!"鲍叔牙却对仆人说:"不可以这么说!管仲家里穷,而且要照顾母亲,多拿一点没什么关系的。"

　　管仲和鲍叔牙一起去打仗,每次进攻的时候,管仲都躲在最后面,大家都嘲笑管仲是一个贪生怕死的人。鲍叔牙却马上替管仲说话:"你们不要误会管仲,他不是怕死,而是想留着他的命去照顾家中的老母亲!"管仲听到这些话之后说:"生我的是我的父母,但是最了解我的人是鲍叔牙啊!"

　　后来,齐国的国王去世了,公子诸儿当上了国王。诸每天只知道吃喝玩乐,鲍叔牙预测齐国肯定会发生内乱,于是带着公子小白逃到莒国,管仲则带着公子纠逃到鲁国。不久以后,诸被人杀死,齐国真的发生了内乱。管仲为了让纠当上国王,决定杀死小白,可惜管仲把箭射偏了,所以小白没死。

　　之后,鲍叔牙和小白比管仲和纠早一步回到齐国,小白顺利当上了齐国的国王。小白决定让鲍叔牙做宰相,鲍叔牙却对小白说:"管仲各方面的能力都比我强,您应该请他来当宰相!"小白很不理解地说:"管仲曾经想要杀我,是我的仇人,你居然叫我请他来当我的宰相!"鲍叔牙却说:"这件事不能责怪他,他只是为了帮他的主人才这么做的啊!"小白听了鲍叔牙的话,决定请管仲回来当宰相。管仲果然帮小白把齐国治理得非常好。

　　管子和鲍叔牙的关系就好像亲兄弟一样。现在,大家在称赞朋友之间友谊非常深厚时,就会说他们是"管鲍之交"或"情同手足"。

(故事来源:《列子·力命》)

生词 New Words

1.	情同手足	qíngtóngshǒuzú		be close like brothers
2.	贵族	guìzú	（名）	nobility
3.	相依为命	xiāngyī-wéimìng		depend on each other for survival
4.	同乡	tóngxiāng	（名）	a person from the same village
5.	投资	tóuzī	（动）	to invest
6.	本钱	běnqián	（名）	capital
7.	进攻	jìngōng	（动）	to attack
8.	贪生怕死	tānshēng-pàsǐ		be mortally afraid of death
9.	预测	yùcè	（动）	to forecast
10.	内乱	nèiluàn	（名）	civil strife
11.	偏	piān	（形）	missed
12.	管鲍之交	guǎnbàozhījiāo		the friendship of Guan Zhong and Bao Shuya

专有名词 Proper Nouns

1.	齐国	Qíguó	Qi State in the Spring and Autumn period
2.	管仲	Guǎn Zhòng	a politician and ideologist of Qi State in the Spring and Autumn period
3.	鲍叔牙	Bào Shūyá	a senior official of Qi State in the Spring and Autumn period
4.	诸儿	Zhūér	elder brother of King Huan of Jin State in the Spring and Autumn period
5.	小白	Xiǎobái	King Huan of Jin State in the Spring and Autumn period
6.	莒国	Jǔguó	Ju State in the Spring and Autumn period
7.	纠	Jiū	elder brother of King Huan of Jin State in the Spring and Autumn period

成语今用 Modern Usage

1. 我（宗白华）从通信中，介绍田汉和郭沫若相识。他俩一见如故，**情同手足**。

（陈明远《田汉不死》）

2. 詹姆斯与韦德共同训练，两位球星都在社交媒体晒出训练照，**情同手足**相互激励，共同努力面对即将到来的新赛季。

（摘自腾讯体育《詹姆斯韦德同晒训练照：我们情同手足相互激励》2017年9月16日）

练习 Practice

一、答一答　Let's Answer

根据课文内容回答下面的问题。

1. 管仲和鲍叔牙是什么关系？
2. 管仲和鲍叔牙的家境分别如何？
3. 管仲和鲍叔牙一起做生意的时候，谁拿的本钱多？
4. 鲍叔牙认为管仲打仗的时候躲在最后面的原因是什么？
5. 为什么管仲要杀王子小白？
6. 为什么鲍叔牙向小白推荐管仲做宰相？
7. 现在人们常用"情同手足"或"管鲍之交"这两个成语来比喻什么？

二、查一查　Look Up the Words

查词典，解释下面的成语，并找出"情同手足"的近义词与反义词，填到下面的表格里，再给每一个成语造一个句子。

　　点头之交　　　　　莫逆之交　　　　　生死之交
　　刎颈之交　　　　　一面之交　　　　　势不两立

近义词	反义词

1. 点头之交

　

2. 莫逆之交

3. 生死之交

_____

4. 刎颈之交

_____

5. 一面之交

_____

6. 势不两立

_____

补充知识 Supplementary Information

四大名著

　　四大名著是中国古典长篇小说四大名著的简称，指《水浒传》《三国演义》《西游记》《红楼梦》这四部巨著。这四部小说都有着极高的文学水平和艺术成就，是中国文学史上的经典作品，更是世界宝贵的文化遗产。

　　《水浒传》作者是元末明初文学家施耐庵（约1296—约1370）。《水浒传》是一部章回体长篇小说，主要描写的是北宋末年，以宋江为首的108条好汉在山东梁山泊聚义的故事。它是中国历史上第一部用白话文写成的长篇小说，开创了白话章回体小说的先河。《水浒传》的艺术成就主要体现在英雄人物的塑造上，这些英雄人物个性鲜明，栩栩如生，跃然纸上。

　　《三国演义》作者是元末明初小说家罗贯中（约1330—约1400）。它是中国第一部长篇章回体历史演义小说。这部小说描写了从东汉末年到西晋初年之间近百年的历史，以描写战争为主，讲述了东汉末年群雄割据混战和魏、蜀、吴三国之间的政治与军事斗争，最后司马炎一统三国，建立晋朝的故事。全书可大致分为黄巾起义、董卓之乱、群雄逐鹿、三国鼎立、三国归晋五部分。《三国演义》反映了东汉末年到西晋初年之间各类社会斗争与矛盾的转化，并概括了这一时代的历史巨变，塑造了一群个性鲜明、有血有肉的三国英雄人物。

　　《西游记》作者是明朝的吴承恩（1500—约1582）。它是中国古代第一部浪漫主义章回体长篇神魔小说。《西游记》以"唐僧取经"这一历史事件为背景，描写了美猴王孙悟空出世及其大闹天宫后，先后遇见唐僧、猪八戒和沙僧三人，一同前往西天取经，一路降妖伏魔，经历九九八十一难，终于到达西天见到如来佛祖，最终五圣成真的故事。《西游记》描绘了一个色彩缤纷、神奇魔幻的世界,创造了一系列妙趣横生、引人入胜的神话故事,成功地塑造了孙悟空这个超凡入圣的理想化的英雄形象。

《红楼梦》一般认为是清朝作家曹雪芹(约1715—约1763)所著。《红楼梦》是一部中国古代章回体长篇小说,又名《石头记》。小说以贾、史、王、薛四大家族的兴衰为背景,以贾宝玉和林黛玉的爱情悲剧为主线,以贾宝玉为视角,描写了贾、史、王、薛四大家族由盛到衰的过程,描绘了一群身份、地位不同的少女的人生百态。《红楼梦》的语言如诗般行云流水,穿插了大量诗词曲赋,是一部具有高度思想性和艺术性的文学作品。

课文二

四海之内皆兄弟

孔子有一个学生名叫<u>司马牛</u>，他的哥哥<u>司马桓魋</u>曾经和其他兄弟想在宋国作乱，但司马牛不愿意跟随他的兄弟一起做坏事，而且认为这件事情十分羞耻，因此他曾经阻止自己的哥哥，但是没有成功。最后哥哥的事情败露，逃到其他国家去了。

有一次，司马牛向孔子请教怎样做君子。孔子对他说："君子从来不忧愁、不害怕。"司马牛不太明白这句话的意思，于是又问道："不忧愁、不害怕，就叫作君子了吗？"孔子说："君子经常反省自己，所以内心毫无愧疚，还有什么可忧愁和害怕的呢？"

司马牛见完孔子出来，见到了他的师兄<u>子夏</u>。他忧愁地说："大家都有兄弟，多快乐啊，只有我没有兄弟。"子夏听了，笑着安慰他说："我听说过：'一个人的生死，要听从命运的安排，一个人的富贵，则是由天来安排的。'君子对工作谨慎认真，不出差错；和人交往态度恭敬，重视礼节。那么，四海之内皆兄弟也，君子又何必担心没有兄弟呢？"

现在人们常用"四海之内皆兄弟"比喻大家都像兄弟姐妹一样，是一家人。

（故事来源：《论语·颜渊》）

生词 New Words

1. 作乱　　zuòluàn　　（动）　to stage a rebellion
2. 羞耻　　xiūchǐ　　（形）　ashamed
3. 败露　　bàilù　　（动）　to be exposed
4. 忧愁　　yōuchóu　　（动）　to feel depressed
5. 愧疚　　kuìjiù　　（形）　guilty
6. 安慰　　ānwèi　　（动）　to comfort
7. 谨慎　　jǐnshèn　　（形）　careful; cautious
8. 恭敬　　gōngjìng　　（形）　respectful
9. 礼节　　lǐjié　　（名）　etiquette

专有名词 Proper Nouns

1. 司马牛　　　Sīmǎ Niú　　　　　one of Confucius' disciples
2. 司马桓魋　　Sīmǎ Huánkuí　　　Sima Niu's elder brother
3. 子夏　　　　Zǐxià　　　　　　one of Confucius' disciples

成语今用 Modern Usage

1. 正因为具有这种"**四海之内皆兄弟**也"的文化接纳性和民族自信心，中国文化才能日新月异、推陈出新，不断融入新生力量，把"二人"的距离接纳为"兄弟"的亲密，把金石的障碍融化为香兰的芬芳。

（摘自光明网《习近平：兄弟同心，其利断金》2015年8月22日）

2. 按照20世纪60年代的思维，我们目前似乎正在树立一种全球意识——最终每两个地球人都是能被某种关系连接起的"朋友"，**四海之内皆兄弟**的愿望也许已经成真。但事实果真如此吗？

（摘自中青在线《社交网络没法"四海皆兄弟"》2011年7月6日）

练习 Practice

一、答一答　Let's Answer
根据课文内容回答下面的问题。
1. 司马牛的哥哥为什么要逃到其他国家去？
2. 司马牛对哥哥的行为是什么态度？
3. 关于怎么做君子，孔子是如何告诉司马牛的？
4. 司马牛为什么觉得很忧愁？
5. 子夏认为君子是什么样的？
6. 为什么子夏觉得君子不需要担心没有兄弟？
7. 人们用"四海之内皆兄弟"这个成语来比喻什么？

二、查一查　Look Up the Words
查词典，查出下面非四字成语的意思，并用成语造句。
1. 初生牛犊不怕虎

2. 君子之交淡如水

   _____

3. 柳暗花明又一村

   _____

4. 夏虫不可以语冰

   _____

5. 心有灵犀一点通

   _____

6. 醉翁之意不在酒

   _____

补充知识 Supplementary Information

《诗经》

《诗经》是我国最早的一部诗歌总集,共收录周代诗歌305篇。本来被称作"诗"或"诗三百",汉朝儒生始称《诗经》。现存的《诗经》是汉朝的毛亨、毛苌传下来的,所以又叫"毛诗"。

《诗经》现存305篇,按所配乐曲的性质分成《风》《雅》《颂》三类。《风》是各诸侯国的乐曲,包括周南、召南、邶风、鄘风、卫风、王风、郑风、齐风、魏风、唐风、秦风、陈风、桧风、曹风、豳风,称为十五国风,共160篇。《雅》包括《小雅》和《大雅》,共105篇,基本上是贵族的作品,只有《小雅》的一部分来自民间。《颂》是宫廷宗庙祭祀之乐,包括《周颂》、《鲁颂》和《商颂》,共40篇。

《诗经》的内容十分丰富,从西周到春秋社会生活的各个方面都有所涉及,比如劳动与爱情、战争与徭役、压迫与反抗、风俗与婚姻、祭祀与宴会、天文、地理、动物、植物等。所以,《诗经》实际上记录了从西周到春秋的历史发展与现实状况,几乎包括了社会的政治、经济、军事、民俗、文化、文学、艺术等各个方面。

《诗经》中的成语

成语的来源之一就是直接使用诗句。《诗经》中的诗歌多为四字句式,而且多含义深刻,语言精练,在长期的传颂过程中,一些四字句式逐渐独立出来,或直接形成成语，或稍加改造形成了成语，其中许多都沿用至今，且适用范围极广。例如：

1. **兢兢业业**

出处：旱既大甚，则不可推。兢兢业业，如霆如雷。（《诗经·大雅·云汉》）

释义：兢兢指小心谨慎的样子，业业指担心害怕的样子。兢兢业业是形容做事小心谨慎、认真踏实的样子。

例句：二儿子为人稳重、正派，遇事**兢兢业业**、小心谨慎。（羽山、徐昌霖《东风化雨》）

2. **梦寐以求**

出处：窈窕淑女，寤寐求之，求之不得，寤寐思服。（《诗经·周南·关雎》）

释义：睡梦中都想着追求。形容迫切地希望着。

例句：回南方去，像那棵丁香一样，有多好啊！这是自己向往的，也是母亲**梦寐以求**的事。（茹志鹃《草原上的小路》）

3. **求之不得**

出处：窈窕淑女，寤寐求之，求之不得，寤寐思服。（《诗经·周南·关雎》）

释义：原指迫切地要求，却不能得到。后用来指迫切希望得到某种东西。也指想找都找不到，多用于意外地得到时。

例句：国庆节到了，我们像往年一样去参加观礼。能参加国庆观礼，亲眼看到壮观的游行场面，这对我们来说当然是**求之不得**的乐事。（沈醉《我这三十年》）

4. **未雨绸缪**

出处：迨天之未阴雨，彻彼桑土，绸缪牖户。（《诗经·豳风·鸱鸮》）

释义：在没有下雨前，就要修缮好门窗。比喻事先做好准备，防患于未然。

例句：他不便隔着街门告诉李四爷："我已经都预备好！"可是心中却十分满意自己的**未雨绸缪**，料事如神。（老舍《四世同堂》）

成语常识（十二）

大部分成语是由四个字构成的，但是也有大量成语不是四个字的，下面主要介绍一些较为常见的非四字成语。

1. **三字成语**

（1）闭门羹

释义：登门拜访遭主人拒之门外，或主人不在，门关着未能被邀入门内，就称作"闭门羹"。

例句：何小姐家里是很文明的，她有的是男朋友去拜访，决不会尝**闭门羹**的。（张恨水《啼笑因缘》）

（2）莫须有

释义：也许有。后用来表示凭空捏造，毫无根据。

例句：看来许之罪其实是"**莫须有**"的，大约有人欲得而甘心，故有此辣手，且颇有信彼为富家子弟者。（鲁迅《鲁迅文集全编·致许寿裳》）

2. **五字成语**

（1）桃李满天下

释义：比喻一个人的学生很多，各地都有。

例句：苏林教授一生**桃李满天下**。（何为《第二次考试》）

（2）小巫见大巫

释义：原意是小巫师见到大巫师，法术无可施展。后来比喻相形之下，一个远远比不上另一个。

例句：又想到八大处了，大悲庵殿前那一溜儿，薄得可怜，细得也可怜，比起这儿，真是**小巫见大巫**了。（朱自清《潭柘寺戒坛寺》）

3. **六字成语**

（1）风马牛不相及

释义：马和牛不同类，不会因雌雄相诱而贴近。比喻事物之间毫不相干。

例句：借外债和请名人讲演，本是**风马牛不相及**的。（郭沫若《泰戈尔来华的我见》）

（2）井水不犯河水

释义：比喻两不相犯。

例句：咱们跟他**井水不犯河水**，犯不着去招惹这种人。（白危《垦荒曲》）

4. 七字成语

（1）放之四海而皆准

释义：无论放在什么地方都准确。指具有普遍性的真理到处都适用。

例句：这说明"千里之行，始于足下"这道理，原是**放之四海而皆准**的。（秦牧《艺海拾贝·画蛋·练功》）

（2）英雄无用武之地

释义：比喻有才能却没地方或机会施展。

例句：他叹息上海这个地方，竟使他**英雄无用武之地**。（欧阳山《苦斗》）

5. 八字成语

（1）八仙过海，各显神通

释义：八仙是指民间传说中的八位神仙，即汉钟离、张果老、吕洞宾、铁拐李、韩湘子、曹国舅、蓝采和、何仙姑。神通本来是佛教用语，指无所不能的力量。相传八仙过海时各有法术，不用舟船。比喻各自有一套办法，或各自施展本领，互相竞赛。

例句：你们是**八仙过海，各显神通**。每个人的本领都很高强，小弟是五体投地佩服！（周而复《上海的早晨》）

（2）皮之不存，毛将焉附

释义：皮没有了，毛长到哪里去呢？比喻人或事物失去了赖以生存的基础，就无法存在。

例句：倘若朕的江山不保，你们不是也跟着家破人亡？**皮之不存，毛将焉附**？（姚雪垠《李自成》）

6. 九字成语

（1）当一天和尚撞一天钟

释义：照例行事，过一天算一天。比喻做事敷衍塞责，缺乏积极主动的态度。

例句：我们的干部对任何事情都司空见惯，麻木不仁，睁一只眼，闭一只眼，**当一天和尚撞一天钟**。（姚雪垠《李自成》）

（2）凡事预则立，不预则废

释义：做一切事情在事先做好计划或准备就能成功，不这样就要失败。

例句：**凡事预则立，不预则废**，没有事先的计划和准备，就不能获得战争的胜利。（毛泽东《论持久战》）

7. 十字成语

（1）海阔凭鱼跃，天高任鸟飞

释义：大海辽阔，任从鱼儿跳跃；长天空旷，任随鸟儿飞翔。形容天地广阔，任凭人或动物自由自在地行动。也比喻在广阔的天地里，可以充分施展抱负。

例句：啊！**海阔凭鱼跃，天高任鸟飞**，谁还愿意待在一个村子里呢！（于逢《金沙洲》）

（2）少壮不努力，老大徒伤悲

释义：年轻时不努力，等到年纪大了，悲伤也没有用了。

例句：我的好多的时间都糊里糊涂地混过去了，"**少壮不努力，老大徒伤悲**"。……假使年轻的时候鞭策自己，如今当有较好或较多的表现。然而悔之晚矣。（梁实秋《时间即生命》）

参考答案及译文

第一篇

课文一　安居乐业

练习
二、
近义词：国泰民安；丰衣足食；安身立命
反义词：民不聊生；流离失所；水深火热

Live and Work in Peace and Happiness

During the Spring and Autumn period (770 B.C – 476 B.C.), there was a famous philosopher and ideologist, whose name was Li Er, and later people called him Laozi. There were many interesting stories about how Laozi's name came to be. It was said that his surname was "Li" because he was born under a plum tree and his given name was "Er" because his ears were very big. He was born with eyebrows and beard that were white so people called him Laozi, which meant old man. Actually, these are not true but just stories passed from mouth to mouth. In fact, Laozi was a respectful form of address given by the other people.

Laozi was unsatisfied with the reality at that time, so he wished that people could live in an ideal society. To Laozi, an ideal society was like this: The emperor should cherish his own people, and allow people to attach importance to their own lives; what's more important, people shouldn't take risks with their lives. No one would take vehicles even if there are many of them, because no one needs to flee or leave their hometown. No one would use weapons even if there are many of them, because no one need to fight. The emperor should let his people live good lives and live happily with their own customs and habits. The people in neighboring countries could see each other and hear each other, however, there would be no war or conflict. People could live out their lives until they die of old age.

As it was written in the book of *Tao Te Ching* by Laozi, "To eat well, to dress well, to live in peace, to enjoy his custom." Since then, people have used this idiom to describe living and working in peace and contentment.

课文二　道不拾遗

练习
二、
近义词：夜不闭户；风清弊绝；市无二价
反义词：打家劫舍；世态炎凉；伤风败俗

No One Picks up What's Left by the Wayside

During the Warring States period, Shang Yang fled from Wei State to Qin State. Shang Yang advocated to govern the country strictly according to the law. Duke Xiao of Qin State made Shang Yang prime minister of Qin State, to whose reform was attached great importance. Shang Yang formulated the new law, which was also known as "Shang Yang Reform" in history.

Shang Yang advocated that everyone was equal. No matter who made contribution to the country should be rewarded, and no matter what his status was, as long as anyone did something against the law should be punished. Shang Yang also encouraged people to work and to develop agriculture.

Because of Shang Yang's active implementation of the reform in Qin State, the people of Qin State generally encouraged their initiative in labour, and the discipline of the army became stricter and stricter. Soldiers were willing to contribute to the country. People's lives became wealthy, social order became stable, and a very simple folkway had formed. People didn't even close their doors and windows when they slept at night, and they didn't have to worry about being picked up when they lost something on the road. From then on, Qin State became stronger and stronger.

The general mood of Qin state after the reform was described as "No one picks up what's left by the wayside and people don't take other people's things casually." in the book of *Stratagems of the Warring States*. Since then on, people have used this idiom to describe the good general mood of the state or society.

第二篇

课文一　兼听则明，偏信则暗

练习

二、

近义词：集思广益；虚怀若谷；广开言路

反义词：一面之词；一意孤行；独断专行

Listening to Both Sides and You Will Be Enlightened; Listening to One Side and You Will Be Deceived

The second emperor of the Tang Dynasty often listened to the opinions of the ministers actively and modestly in hope of administering the country better.

The prime minister was named Wei Zheng. Once, the emperor asked him, "As the emperor of the country, I often hear a lot of different opinions. How can I distinguish right from wrong?"

Wei Zheng replied, "If you listen to one side, you will be deceived and often make mistakes. Yao listened to his people and the ministers actively, so it was easier for him to distinguish right from wrong. Shun was observant and alert, so the ministers with bad ideas were unable to deceive him. Hu Hai only believed in Zhao Gao and eventually was killed by him. Therefore, as the emperor of the country, if you listen to the opinions of the people extensively and clearly distinguish what is right, you will not be deceived by those who have bad ideas, and you will understand the situation of the people clearly. But if you only listen to one side, you may be deceived." The emperor felt that Wei Zheng's words were very reasonable.

From then on, the emperor paid great attention to listening to other people's opinions and suggestions and encouraged his ministers to express their views.

After Wei Zheng's death, the emperor was sad and said, "One can see whether clothes and caps are neat or not if taking copper as a mirror. One can understand why the dynasties rose and fell if taking history as a mirror. While one can know whether what he has done was right or wrong if taking a person as a mirror. Wei Zheng passed away and I really lost a good mirror."

It was written in the book of *Comprehensive Mirror for Aid in Government* that listening to both sides and you will be enlightened, while listening to one side and you will be deceived. Since then on, people have used the idiom to describe that people should listen to a wide range of opinions in order to distinguish right from wrong better.

课文二 载舟覆舟
Floating or Overturning a Boat

The Spring and Autumn period and the Warring States period were eras of great changes in ancient China. Many vassal states rose and fell. People began to compare the relationship between the king and the people to the relationship between ship and water, and derived the truth of floating or overturning a boat. *Xunzi* wrote, "A king is like a boat, while the people are like the water, which can float or overturn the boat."

The Sui Dynasty's fall from prosperity to decline and its final demise due to the peasant uprising always alarmed the second emperor of the Tang Dynasty, who was a great emperor. Therefore, the emperor often used the Sui Dynasty's fall to reflect on his own words and deeds. According to historical books, when the emperor talked about the policies of governing the country with the ministers, he repeatedly quoted the idea of "floating or overturning a boat".

Once, Fang Xuanling suggested to the emperor, "During the recent stock count, we discovered that we have fewer weapons than the Sui Dynasty. Should we consider adding some?" However, the emperor replied, "Increasing weapons is indeed very important for stopping the enemy. However, the most important thing now is to ensure that the people can live a safe and prosperous life. The fall of the Sui Dynasty was not caused by insufficiency of weapons, but by the emperor's alienation and betrayal of the people. Dissatisfaction of Sui's people destroyed the country at last. We must learn from the fall of the Sui Dynasty, and we can not forget it." It can be seen that the emperor truly understood the meaning of " water can float or overturn a boat".

Since then, people have used this idiom to describe the importance of the people's support. It means that people are like the water which can float or overturn a boat, so they are the major determinant of a country's rise and fall.

第三篇

课文一　负荆请罪

练习

二、

近义词：幡然悔悟；引咎自责；肉袒负荆

反义词：死不悔改；兴师问罪；文过饰非

Carry a Rod with Thorns on Back and Ask for Punishment

During the Warring States period, Lin Xiangru of Zhao State was courageous and was skilled in debate. Because Lin Xiangru brought the jade of the He family back to Zhao State from Qin State and made contributions to Zhao State, the king of Zhao State appreciated him very much, so he gave Lin Xiangru a high official position, which was even higher than Lian Po, who often won in battles.

When Lian Po heard of it, he was very dissatisfied and said, "I am the general of Zhao State, and I have made a lot of contributions. Lin Xiangru only made a small contribution by being eloquent, but his position is higher than me. Lin Xiangru was just an ordinary people, but my position is below him now, which is unbearable for me. If I meet him, I will humiliate him face to face."

When Lin Xiangru heard of it, he did not want to meet with Lian Po. Each time he went to court, Lin Xiangru made an excuse to say that he was ill and did not want to compete with Lian Po. Sometimes Lin Xiangru went out and saw Lian Po, he turned around to evade Lian Po at once.

The subordinates of Lin Xiangru's gathered together and said to Lin Xiangru, "The reason why we left our families to work for you is that we admire your righteous and noble-minded character. Now General Lian Po is rude to you, but you are afraid to see him, and you have been avoiding him all the time. You are too weak, while ordinary people can't bear it, let alone you have such a high status! If you do this again, we won't work for you anymore." Lin Xiangru smiled and said to them, "Who do you think is more powerful, the General Lian Po or the king of Qin State?" The subordinates replied, "The General Lian Po is certainly not equal to the king." Lin Xiangru went on saying, "I dare to argue with the king of Qin State in court and humiliate his ministers, would I be afraid of General Lian Po? I just considered that the reason why the powerful Qin State did not dare to attack Zhao State was that I was protecting Zhao State together with General Lian Po. If my relationship with General Lian Po broke down, how could we protect Zhao State together? The reason why I avoided General Lian Po is that I consider that the major affairs of the country are much more important than the minor matters of the individual."

Lin Xiangru's words spread to Lian Po. Lian Po calmly thought about it, and felt that he should not have done it for his personal problem, regardless of the interests of the country. So he took off his combat uniform and carried a rod with thorns on the back to apologize to Lin Xiangru. Lin Xiangru saw Lian Po, and hurriedly came out to meet Lian Po. From then on, they became good friends, and defended Zhao State together.

Since then, people have used this idiom to describe one's initiative to admit his mistakes and ask for severe punishment.

课文二　不贪为宝

练习

二、

近义词：克己奉公；廉洁奉公；清正廉明

反义词：贪赃枉法；徇私舞弊；徇私枉法

It Is a Treasure not To Be Greedy

During the Spring and Autumn period, there was an official named Zihan in Song State. He was an uncorrupted and noble man, who had never accepted gifts, and was very prestigious among the people.

Once, someone got a piece of jade and dedicated it to Zihan. Zihan refused. The person who offered the jade had thought that Zihan might not have realized its value, so he said, "I once had this piece of jade identified by a lapidary. He confirmed that it is a true treasure of great value, so I dare to offer it to you." Zihan said, "I regard the character of not being greedy to any property as a treasure, whereas you regard jade as a treasure. Hence, accepting your treasure will cause us both to lose our own treasures. So it is better for us to keep our own treasures."

The person saw that Zihan would never accept the jade, he had to tell the truth, "I am just an ordinary person. I will be dangerous if I keep the jade, so I came to offer it to you." Zihan accepted the jade and had it cut and polished by a lapidary, then sold it at the market. After handing the money to the man, Zihan sent someone to guard him home.

The person who offered the jade believed that the jade was priceless, but the value of the jade was far less than self-discipline, incorruptness and integrity for Zihan. Zihan's appreciation and pursuance of the precious character made him a beloved officer, respected by later generations, and left a mark in history.

Later, people used this idiom to describe people's incorruptness integrity and self-discipline.

第四篇

课文一　同舟共济

练习

二、

近义词：休戚与共；同甘共苦；同气连枝

反义词：背信弃义；兔死狗烹；过河拆桥

To Pull Together in Times of Trouble

During the Spring and Autumn period, Wu State and Yue State were located in the area of present Jiangsu Province and Zhejiang Province. Conflicts often occurred because of the proximity of these two states. For a long time, people of Wu and Yue were like hostile strangers, and they all ignored each other.

Once, some people from Wu and Yue took the same boat to across the river. When they got aboard the boat, they ignored each other as usual. Later, the boat reached the middle of the river and encountered gusts of fierce wind. The river was choppy and the ship shook violently, ready to capsize at any time. Seeing that the boat was to sink, they had helped each other and united to save the boat instead of ignoring each other.

Thanks to the concerted efforts, they finally defeated the disaster and arrived safely on the other shore. It was said that after the incident, people of Wu and Yue made up and became friendly to each other.

Many years later, Sun Wu was asked, "How can you command the army to stand invincible?" Sun Wu answered, "If you hit the head of a snake, it will use the tail to strike back; if you hit the tail of the snake, it will use the head to strike back; if you hit the snake in the waist, it will strike you back with both the head and the tail. Therefore, those who are good at commanding the army must put the army in a snake-like battle array. Then the head, waist and tail can rescue each other. If the army forms a unit whole, within which each part can help and save each other, no enemy can defeat it."

The man doubted, "How can we let the troops take care for each other like snakes?" Sun Wu said, "There is no need to worry. The battlefield is the land of life and death, and the war must make the army work together. For example, people of Wu and Yue were full of hatred. But when they rode a boat and encountered disaster together, they forgot the hatred and worked together to avoid the boat from capsizing. Even the hostile strangers can make concerted efforts in danger, let alone the soldiers of brotherhood. So the army will become a whole like a snake, taking care of each other." After listening to Sun Wu's explanation, the man thought his word was convincing and admired Sun Wu's military abilities.

"To cross a river in the same boat" means to take a boat together even in the fierce winds and waves, fighting the wind and rain together. Later, people used this idiom to describe the common experience of suffering and the concerted efforts to survive.

课文二　同心同德

练习

二、

近义词：众志成城；患难与共；同心协力

反义词：各行其是；分崩离析；貌合神离

Be of One Heart and One Mind

King Zhou was the last emperor of the Shang Dynasty. He was tall, knowledgeable and agile. He used to be a very outstanding emperor. But in his later days, he became more and more extravagant and corrupt. King Zhou loved Su Daji, and listened to her words blindly. Whoever dared to oppose him would be sentenced to death by removing the heart or burning at a stake. He pursued pleasure all day without caring about the national affairs at all. He was profligate and devoid of principles. Complaints were heard everywhere that people had nothing to depend on for their living.

Since people could not live on, King Wu, of the Zhou State decided to crusade against King Zhou. Gathered troops with other vassal states in Mengjin, King Wu held an oath-taking rally, which was called "the Oath of Mengjin".

King Wu said, "Listen to me! Good people do good deeds, but being afraid that time is not enough. The vicious people do bad things, but being afraid that time is not enough. Now King Zhou is profligate and devoid of principles, he treats the ministers as thieves while treats friends as enemies. King Zhou claims that he represents the heaven and he is not afraid of doing all kinds of evil. The people of Shang can only ask

God to take him away. Today, King Zhou rules tens of thousands of slaves, but their thoughts and beliefs are not uniform. Although we have fewer people, our thoughts and beliefs are very consistent. God will hear the voice of the people and answer the wishes of them. Let us join in the crusade against King Zhou for the good people."

Two years later, King Wu's army fought against King Zhou's army in Muye, south to Chaoge. It was the famous "Battle of Muye" in history. King Wu's army defeated the powerful army of the Shang Dynasty at last. With King Zhou's committing suicide, the Shang Dynasty fell. King Zhou's alienation and betrayal of the people finally led the Shang Dynasty to the demise. King Wu and the people were united in the same spirit and destined to win.

Later, people used this idiom to describe a group of people who share the same purpose and fight together.

第五篇
课文一　百家争鸣

练习

二、

近义词：百花齐放；畅所欲言；各抒己见

反义词：噤若寒蝉；一家之言；万马齐喑

Contention of a Hundred Schools of Thought

"Contention of a Hundred Schools of Thought" originally refered to the spring up of many outstanding scholars, ideologists and various schools of thought in full bloom during the Spring and Autumn period and the Warring States period.

During the Spring and Autumn period and the Warring States period, the struggle among the various strata was complex and intense. Scholars and ideologists representing different strata and different political forces all wished to explain or put forward ideas about the universe, society and everything in accordance with the interests and requirements of their own strata or groups. They wrote books and put forward opinions, enrolled apprentices, and argued with each other. As a result, there was a situation of "Contention of a Hundred Schools of Thought".

The so-called "Hundred Schools of Thought" is a general term for philosophies and schools that flourished during the Spring and Autumn period and the Warring States period of ancient China. There are mainly Confucianism, Mohism, Taoism and Legalism, followed by School of Yin-Yang, the School of Miscellany, Logicians, the School of Diplomacy, the School of the Military, and the School of "Minor-talks".

The founder of Confucianism was Confucius, who lived in Lu State in the late Spring and Autumn period. The core of his theory was "benevolence", and the rule of "benevolence" was "ritual". In the middle of the Warring States period, Mencius became a representative figure of Confucianism. In addition, the representative of Confucianism was Xunzi.

The founder of Mohism is Mozi who lived in Lu State in the early Warring States period. Mozi's proposition is opposite to Confucianism. They argued that appointing officials should attach importance to talent and beat up old class concepts.

The founder of Taoism is Laozi, who lived in Chu State in the late Spring and Autumn period. The representative of Taoism in the Warring States period is Zhuangzi.

The early representatives of the Legalism were Li Kui, Wu Qi and Shang Yang, etc. Later, it was represented by Han Feizi.

"Contention of a Hundred Schools of Thought" during the Spring and Autumn period and the Warring States period reflected the intense and complicated social and political struggle at that time. This period was also an important stage in the development of Chinese academic culture, ideology and morality. The cultural thoughts produced by the contention had a profound impact on the later Chinese society.

Later, the idiom was used to describe allowing various academic schools or groups to express their opinions and suggestions freely.

课文二　优哉游哉

练习

二、

近义词：逍遥自在；安闲自得；无拘无束

反义词：谨小慎微；提心吊胆；束手束脚

Living a Life of Ease and Leisure

Zhuangzi was a famous ideologist, philosopher and writer. He was knowledgeable and advocated that people should pursue freedom.

One day, Zhuangzi was fishing near Pu River. King Wei of Chu State sent two ministers to invite Zhuangzi to be prime minister of Chu State.

When the two ministers explained why they came to see Zhuangzi, Zhuangzi did not pay attention to them, but leisurely continued to fish. The two ministers were very puzzled, so they asked again.

Zhuangzi, holding the fishing rod, asked the two ministers, "I heard that there is a supernatural tortoise in your country, which has been dead for three thousand years. Your king has been holding its bones in boxes and offering it to the temple. Do you think the supernatural tortoise is willing to die to be worshipped or to live and wag its tail freely on the ground?"

Hearing these words, the two ministers said without hesitation, "I would like to live and wag my tail freely on the ground!"

Zhuangzi said, "So you can go back now. I would like to walk freely on the ground, too."

Zhuangzi used the metaphor of the supernatural tortoise to tell us that we should live and work in accordance with the way we like. Zhuangzi's attitude towards life is just like what the *Book of Songs* said, "How peaceful and comfortable it is!"

Nowadays, people often use this idiom to describe the free and leisure life.

第六篇

课文一 相敬如宾

练习

二、

近义词：举案齐眉；夫唱妇随；同甘共苦

反义词：琴瑟不调；反目成仇；敬而远之

（Of Husband and Wife） To Be Courteous to Each Other like Guests

In the Spring and Autumn period, Xi Que and his father Xi Rui were originally both ministers of Jin State. Later, because Xi Rui committed a crime, Xi Que was also dismissed.

Xi Que returned home, a place called Ji. He and his wife lived an ordinary life. The husband tilled the land while the wife weaved, satisfying with rough meals. Xi Que cultivated his moral character with diligent and conscientious work. His virtues were growing day by day.

One day, Jiu Ji, another minister of the Jin State, went to Qin State and passed by Xi Que's hometown. At that time, Xi Que was laboring in the field and his wife brought him food. The wife politely delivered the food to Xi Que's hands, as if to treat the noble guest whom first met. Xi Que took the food very politely, too. After eating, Xi Que watched his wife go home with sincere looks. Jiu Ji was very touched.

Returning to Jin State, Jiu Ji immediately reported it to King Wen of Jin State, "I saw Xi Que and his wife respected each other like noble guests. I believe that respect is a concentrated expression of noble morality. People with virtue can manage the country well. Xi Que is a talent with virtue, so we can't dismiss him from job because his father committed a crime. Please let him return to the government."

King Wen of Jin State adopted Jiu Ji's proposal and rehired Xi Que. Xi Que did live up to King Wen's expectations with many contributions to Jin State.

Nowadays, people generally use this idiom to describe the mutual respect of husband and wife as if treating noble guests.

课文二 分庭抗礼

Stand up to Someone as an Equal

One day, Confucius and his disciples were resting in the woods. The disciples were all studying hard, while Confucius was playing the *guqin* alone.

Halfway through the bullet, an old fisherman with white hair came ashore and sat not far away, listening carefully to Confucius. After the tune was over, the old fisherman beckoned Confucius' disciples Zigong and Zilu to him and asked, "Who is this man playing the *guqin*?" Zilu replied in a loud voice, "He is our teacher, Confucius, a famous scholar in Lu State." The old fisherman asked, "What does he do? Is he an official?" Zigong replied, "Our teacher is not an official, but he values loyalty, benevolence and righteousness. What's more, he implements rites and music." The old fisherman smiled and said, "I'm afraid he's too far away from the truth." Then he turned and walked towards the river.

Zigong quickly told Confucius what the old fisherman had said. Confucius put down his *guqin* and stood up, he said, "He is a saint!" When Confucius reached the riverside, the old fisherman was about to sail away. Confucius saluted him respectfully and said, "I have studied since I was a child and I am sixty-nine years old. I haven't heard any profound teachings. I don't want to miss the opportunity to study from you today." The old fisherman was moved by Confucius' sincerity. He got off the boat and taught Confucius a lot about political philosophy and life cultivation. Confucius deeply admired him and hoped that the old fisherman would be his own teacher. But the old fisherman refused Confucius's request, jumped onto the boat and left.

Zilu was so puzzled about Confucius' behavior that he could not help saying, "Sir, I don't understand your behavior. Our king always stands up to you as an equal, but you are so respectful to a fisherman."

After listening to Zilu's words, Confucius was very unhappy and said, "Zilu, it is too hard to civilize you. It is impolite if you don't respect an elderly person. It is unkind if you don't respect a talented person. It is the root of disaster to be impolite and unkind. The fisherman is a very talented person. How can I not respect him?"

"Stand up to someone as an equal" originally meant that ancient guests and hosts met and stood on opposite sides of the courtyard to salute, indicating equal treatment. The meaning of this idiom changed gradually. Later, people used this idiom to describe sitting on an equal footing. It is also often used to describe opposition.

第七篇

课文一　大公无私

练习

二、

近义词：光明磊落；公而忘私；铁面无私

反义词：见利忘义；假公济私；徇私舞弊

Perfectly Impartial

In the Spring and Autumn period, there was a virtuous minister named Qi Huangyang in Jin State.

One day, King Ping of Jin State asked Qi Huangyang, "Nanyang County is short of a county magistrate. Who do you think is the best one for the position?" Qi Huangyang said, "Xie Hu is the most appropriate one." King Ping felt very puzzled, "Xie Hu is your enemy, why do you recommend him?" Qi Huangyang answered, "You just asked me who was most suitable for the position, and you didn't ask me if Xie Hu was my enemy. Therefore, I recommend Xie Hu, who I think is the most suitable one." Hence, King Ping sent Xie Hu to Nanyang County. Finally, Xie Hu was praised and welcomed by the local people for his talent.

Later, King Ping asked Qi Huangyang again, "We need a judge. Who do you think is the most suitable one?" Qi Huangyang said sincerely, "Qi Wu is suitable to be a judge." King Ping was very surprised and said, "Qi Wu is your son. Aren't you afraid that others think you are practicing favoritism when you recommend your son?" Qi Huangyang said, "You asked me who was fit to be a judge, and did not ask me if Qi Wu was my son, so I recommend Qi Wu to you, who I think is the most suitable one." So King Ping made Qi Wu a judge. Qi Wu was very efficient in handling affairs, and he was decisive and fair in handling cases, so he was respected by everyone.

Qi Huangyang's behavior was praised by many people. Confucius heard his story and praised him, "Qi Huangyang did very well. When he recommended people, he did not reject his enemies and did not avoid his son. Qi Huangyang is perfectly impartial."

Later, people used this idiom to describe fairness, integrity and selflessness.

课文二 克己奉公

练习

二、

近义词：奉公守法；舍己为公；廉洁奉公

反义词：公报私仇；贪赃枉法；利欲熏心

Devote Wholeheartedly and Selflessly to Public Duty

In the early Eastern Han Dynasty, there was a man named Ji Zun. He enjoyed learning and was knowledgeable. Although his family was rich, he still restrained himself and lived a very frugal life. In 24 A. D. , Ji Zun became a subordinate of Liu Xiu (Liu Xiu was the founder of the Eastern Han Dynasty and he was Emperor Guangwu of the Han Dynasty).

On one occasion, one of Liu Xiu's servants committed a crime. After the truth was found out, the servant was executed according to the law by Ji Zun. Liu Xiu was very angry when he knew it. He couldn't believe that Ji Zun would dare to kill his servant. So he decided to punish Ji Zun. But someone immediately advised Liu Xiu not to do it and said, "Strict enforcement is your requirement. It is very correct for him to obey the law and obey your rules. Only if he acts like this, will you lead the army in prestige." Liu Xiu felt very reasonable, so he did not punish Ji Zun, but made him a high-ranking official.

Ji Zun was praised and often rewarded by Liu Xiu for his integrity, decisiveness and justice, and for his self-restraint and obedience to the public. But he gave these rewards to his subordinates. He had lived a frugal life with his wife throughout his life, and he didn't have much private property.

Liu Xiu was very sad after the death of Ji Zun, because he knew that there were not many fair and honest ministers like Ji Zun. It was a pity to lose Ji Zun. Since then, Liu Xiu had always been cherished of Ji Zun's spirit of offering wholehearted and selfless devotion to public duty.

"Self-restraint" is to restrain oneself, while "obedience to the public" is to place pubic in an important position. Nowadays, people often use this idiom to describe a person who is strict with himself and wholeheartedly devote to the public.

第八篇

课文一　约法三章

练习

二、

近义词：安分守己；奉公守法；循规蹈矩

反义词：为所欲为；胡作非为；无法无天

Draw up Three Chapters of Law

The second Emperor of the Qin Dynasty was fatuous and incompetent. After he became the emperor, he just enjoyed himself. He put a treacherous minister named Zhao Gao in an important position and killed many loyal ministers. Because of the cruel punishment system in the Qin Dynasty, people's life become more and more difficult.

In 206 B.C., Liu Bang led the army to Bashang, which was near Xianyang, the capital of the Qin Dynasty. Zi Ying, the son of the second Emperor of the Qin Dynasty, surrendered to Liu Bang. When Liu Bang entered Xianyang, he was fascinated by the luxurious life in the palace. He wanted to live in the luxurious palace, but Fan Kuai and Zhang Liang, his subordinates, advised him not to do it because it might lose the support of people. Liu Bang accepted their advice, and he ordered the army to close the palace, leaving a small number of soldiers to protect the palace, which contained a large amount of property, and then returned to Bashang.

Liu Bang gathered the local people together and solemnly declared to them, "The legal system of the Qin Dynasty is too cruel and should be abolished. Now I have three chapters of law with you. Firstly, if someone kills another person, he must be killed. Secondly, if someone hurts another person, he must compensate for his fault. Thirdly, anyone who steals other people's property must be punished. Everyone should obey the above three chapters of laws no matter who he is." People all supported the proposal.

Liu Bang sent many subordinates to various counties to publicize the three chapters of law. People all warmly support and came up with delicious food to conserve Liu Bang's army.

Due to the implementation of the three chapters of law, Liu Bang gained the trust and support from the common people, and finally successfully established the Western Han Dynasty.

Today, we use this idiom to describe that the rules are clearly formulated and abided by all.

课文二　赏罚分明

练习

二、

近义词：论功行赏；罚当其罪；赏罚严明

反义词：赏罚不明；逍遥法外；罚不当罪

To Be Explicitly Discriminating in Rewards and Punishments

King Wen of Jin State was the second of the "Five Hegemons of the Spring and Autumn Period". He was courageous, resourceful, modest and always eager to learn. According to the historical record, his way of employing talent mainly lay in the explicit difference between rewards and punishments.

Xi Fuji of Cao State once saved the life of King Wen of Jin State. King Wen gave an order to the army that Xi Fuji's family should be protected in the crusade against Cao State in order to repay Xi Fuji's kindness. No one was allowed to intrude into Xi Fuji's house. Anyone who violated it would be severely punished.

But the general Wei Chou and the minister Dian Xie failed to obey King Wen's order. They led troops to surround and set fire to Xi Fuji's house. Wei Chou climbed onto the roof and tried to drag Xi Fuji out and kill him. However, the roof could not withstand the weight and collapsed, just crashed down on top of Wei Chou. Wei Chou was severely injured. Fortunately, Dian Xie arrived in time and saved him.

This incident was known to King Wen. He was very angry and decided to punish them according to the order. Minister Zhao Cui said to King Wen, "They have both made a lot of contributions for you. Please grant them a chance to redeem themselves by humble services." King Wen said, "'Contribution' is one thing, 'fault' is another. I must be explicitly discriminating in rewards and punishments so that the soldiers will obey my orders." Then, he abolished Wei Chou's official position and killed Dian Jie.

Because King Wen made the distinction of rewards and punishments very clear, the soldiers of Jin State no longer violated any order. It was precisely because of his talent and resourcefulness and the policy of explicitly discriminating in rewards and punishments, King Wen became one of the famous "Five Hegemons of the Spring and Autumn Period".

Nowadays, people use this idiom to describe handling things clearly and fairly, to punish those who do things wrong, and reward those who do things right.

第九篇

课文一　闻鸡起舞

练习
二、
近义词：发愤图强；自强不息；废寝忘食
反义词：无所事事；自暴自弃；苟且偷生

Rise at Rooster's Crow and Practise with the Sword

During the Eastern Jin Dynasty, there was a general named Zu Ti. He was loyal, patriotic, courageous and resourceful, and he was respected by the people.

Zu Ti lost his father when he was very young and was brought up by his elder brothers. His brothers worried about Zu Ti's study. But Zu Ti was a cheerful, loyal and compassionate man who always defended others against injustice, hence he was liked by his neighbors.

When Zu Ti grew up, he was upset about the decline of his country, the frequency of the wars and the rough life of common people. But there was nothing he can do to help because of the lack of strength and knowledge.

In order to change the present situation of the country, Zu Ti began to study hard and made great progress. Zu Ti often went to Luoyang, the capital, to seek advice from learned men. Those who knew him all said, "Zu Ti will certainly become a talent to help the emperor govern the country."

When Zu Ti was 24 years old, he was recommended to be an official. However, he did not accept because he was worried that he did not have enough knowledge. Instead, he chose to continue studying hard.

Zu Ti had a good friend named Liu Kun. Like Zu Ti, he wished that the country would become strong and the war would be over soon. Whenever talking about national affairs, they would unaware of the time and talked till late at night. They would practice with the sword and martial arts together early in the next morning.

Zu Ti heard the crow of a rooster in his sleep one night. He got up and said to Liu Kun, "the rooster is calling us to get up. Let's practise with the sword now!" Liu Kun agreed immediately. From then on, Zu Ti and Liu Kun kept getting up upon hearing the crow of a rooster and practising with the sword every morning. Regardless of wind and rain, regardless of summer and winter, it has never been interrupted.

After a long period of diligent practice, Zu Ti and Liu Kun became both all-rounders who could write remarkable articles and lead the army. In the end, both of them became grand generals and made great contributions to the country.

"Rise at rooster's crow and practise with the sword", which tells the story of Zu Ti and Liu Kun, describes the great efforts of those who are willing to serve the country. It is more widely used to describe a person's strong will and diligence in chasing a great goal now.

课文二 精忠报国

练习

二、
近义词：舍身为国；毁家纾难；捐躯报国
反义词：丧权辱国；卖国求荣；怀宝迷邦

Repay the Country with Supreme Loyalty

At the end of the Northern Song Dynasty, a boy was born in a farmer's house in Yue Village, Tangyin County, Henan Province. When his parents were considering giving him a name, a flock of wild geese flew across the sky, and the parents said happily, "Yue Fei (Fei means fly in Chinese), he is named. We hope our son can fly high and far like these wild geese." Therefore, the name of Yue Fei was settled.

Although Yue Fei's family was poor, his mother was strict with him. Hence, Yue Fei was honest and tough.

Once, several of Yue Fei's good friends asked him to go robbing with them because of starvation. Thinking that his mother always taught him to be a person of integrity, Yue Fei refused, and advised his friends, "Don't you do that! It's immoral and illegal." Despite that his good friends urged him again and again, Yue Fei refused firmly. When Yue Fei's mother came home, Yue Fei told her the whole story. His mother praised him, "Son, you did the right thing. One should never ceases to be ambitious even in poverty. We can't do wicked thing."

When Yue Fei came to his tens, Jin State invaded the Northern Song Dynasty. The Northern Song Dynasty's emperor was corrupt and incompetent, and the country was at the edge of life and death. Mother asked Yue Fei, "What's your plan at this moment of national calamity?" Yue Fei replied categorically, "I shall go to the battlefield to fight the enemy to repay my country with supreme loyalty!"

His mother was very satisfied with the answer. "Repay the country with supreme loyalty" was just her expectation for her son. She decided to give him a tattoo of these words on his back so that he would never forget the oath. "Are you afraid of pain?" The mother asked. "The pain caused by the little steel needle is nothing. If I fear the needle, how could I fight the enemy?" Yue Fei answered. His mother started tattooing after writing the words on Yue Fei's back, then painted it with vinegar ink. Since then, the words "repay the country with supreme loyalty" had remained on Yue Fei's back.

Later, with the motto "repay the country with supreme loyalty", Yue Fei fought the enemy bravely and made many contributions. He became a famous patriotic hero.

Nowadays, people often use this idiom to describe loyalty to serve the country.

第十篇

课文一　愚公移山

练习

二、

近义词：持之以恒；锲而不舍；水滴石穿

反义词：半途而废；虎头蛇尾；一曝十寒

The Determination to Win Victory and the Courage to Surmount Every Difficulty

A long time ago, there was an old man named Yu Gong who was almost ninety. It was very inconvenient for Yu Gong to go outside because there were two high mountains in front of his house, one called Taihang Mountain and the other called Wangwu Mountain.

One day, Yu Gong gathered all his family together and said, "Let's move the two mountains to other places and build a new road. What do you think about the plan?" The family members all agreed with his advice. But his wife put forward a question, "An old man like you cannot even move a small hill, not to mention the two high mountains. Even if you can, where will you throw the earth and stones?" "The sea is big enough to contain all the earth and stones," Yu Gong said confidently.

Therefore, Yu Gong led his children and grandchildren to dig the mountains and threw the stones to the sea. A woman lived nearby had a young son. He bounced to help Yu Gong initiatively.

A man named Zhi Sou saw them working and tried to stop them, he couldn't help laughing at Yu Gong and said, "You look so silly! You're too old and weak. How can you remove two high mountains?" "You're wrong," Yu Gong said with a smile. "My sons can carry on the job after my death. When my sons die, my grandchildren will carry on the job. The job passes on for generations. But the mountains won't grow higher. Do you still think I can't move them away? Nothing in the world is difficult to overcome." Zhi Sou was speechless.

The mountain god heard these words, he was worried that Yu Gong would not stop. So he reported it to the Jade Emperor. Upon learning of the story, the Jade Emperor was greatly moved. He sent two supernatural beings to take the two high mountains away. Since then, there was no mountain on Yu Gong's way outside.

Since then, people have used this idiom to describe that as long as one is determined and sticks to it long enough, anything can be done, no matter how difficult it is.

课文二　鞠躬尽瘁

练习

二、

近义词：殚精竭虑；死而后已；呕心沥血

反义词：敷衍塞责；视同儿戏；玩忽职守

To Give the Last Measure of Devotion

Zhuge Liang was born in the late Eastern Han Dynasty. He was resourceful and became the prime minister of Shu Kingdom during the Three-Kingdoms Period. He was a famous politician, military strategist and writer in Chinese history.

Before Zhuge Liang became the prime minister of Shu Kingdom, Liu Bei heard that Zhuge Liang was very talented. Seeking assistance, Liu brought gifts to Zhuge Liang's house. But Zhuge Liang wasn't at home. Liu could only return with disappointment. Soon after, Liu paid a visit to Zhuge Liang's house for the second time with his sworn brother Guan Yu and Zhang Fei when it was snowy, only to find Zhuge Liang was out again. After a period of time, Liu went to visit Zhuge Liang for the third time. At this time, Zhuge Liang was sleeping. Instead of waking Zhuge Liang up, Liu stood outside and waited until Zhuge Liang awoke, then sat down and started talking. Moved by Liu's sincere invitation and ambition of serving the kingdom, Zhuge Liang made up his mind to become Liu's adviser. This is the the well-known "Visited the Cottage thrice in succession".

Since then, in order to repay Liu Bei's appreciation, Zhuge Liang has wholeheartedly assisted Liu Bei. Liu Bei, with the help of Zhuge Liang, established the Shu-Han regime which formed the "three-kingdom" situation together with Cao-Wei and Dong-Wu.

After Liu Bei died of illness, his son Liu Shan became the new king. Zhuge Liang should have retired to his hometown and lived his later life in peace. However, in order to repay Liu Bei's appreciation, he decided to help Liu Shan to carry on the effort of reuniting the whole country. He planned carefully and prepared to attack Cao-Wei.

Before the expedition to Cao-Wei, Zhuge Liang wrote *Hou Chushi Biao* to Liu Shan, in which he analyzed in great detail the reason of attacking Cao-Wei. In order to repay Liu Bei's regard, Zhuge Liang wrote at the end, "I will devote myself till my heart ceases to beat."

Since then, people have used this idiom to describe the character of working tirelessly and selflessly for a noble purpose.

第十一篇

课文一 一诺千金

练习

二、
近义词：说一不二；言而有信；一言九鼎
反义词：出尔反尔；言而无信；自食其言

Keeping Promise

At the end of the Qin Dynasty, there was a man in Ancient Chu State called Ji Bu, who was very straightforward and helpful. As long as he promised things, no matter how difficult it was, he would try to finish it, so he was very popular in his hometown. Gradually, this sentence spread around Ancient Chu State, "It's better to obtain Ji Bu's promise than to obtain a lot of gold", which meant "it is more valuable to get a promise from Ji Bu rather than to have amount of money".

During Chu-Han Contention, Ji Bu was one of Xiang Yu's subordinates. Ji Bu had repeatedly helped Xiang Yu's army to defeat Liu Bang's army. Liu Bang was very angry with Ji Bu when he became emperor, so he wanted to catch Ji Bu and punished him. At that time, many people helped by Ji Bu secretly helped him to avoid being caught.

Later, Ji Bu went to Lu State to be a domestic helper in a family named Zhu. Zhu's family member recognized Ji Bu, but still took him in because Ji Bu helped them before.

Zhu went to Luoyang to ask Liu Bang's old friend Xiahou Ying to intercede for Ji Bu. Xiahou Ying appricriated Ji Bu very much, So he was willing to help. Finally, Xiahou Ying persuaded Liu Bang not to catch Ji Bu, but let Ji Bu be an official.

From then on, people have used this idiom to describe the noble state of the gentleman, and people who have a good faith will win the trust and respect of others, which also shows the importance of carrying out the promise.

课文二 取信于民

Win the People's Trust

In the Spring and Autumn period, all the great states attack the surrounding small states without any reasonable reasons. Therefore, the later generations often said, "There was no righteous war in the Spring and Autumn period." King Wen of Jin State always attacked the surrounding states, but he was different from the others, because he always won people's trust.

Once, King Wen attacked Yuan State. Yuan State was a small country. King Wen promised his people that he would occupy it in ten days, so he ordered the soldiers to take food for ten days. But ten days passed, King Wen failed to occupy Yuan State, so he ordered the army to withdraw.

At this time, some people secretly reported to King Wen that Yuan State could only last three more day, which was a golden opportunity to occupy it. King Wen thought for a moment and refused, he said, "I promised my people to occupy Yuan State in ten days. Now ten days have passed. If I don't go back, I will lose my credit. I can't do that for getting Yuan State but lose my people's credit." So King Wen ordered the army to withdraw.

When the people of Yuan State heard about it, they all said, "King Wen is a king with trustworthiness." So the people of Yuan State surrendered to Jin State. When the people of Wei State heard about it, they all said, "King Wen is a king with trustworthiness." So the people of Wei State surrendered to Jin State. Confucius commented King Wen in this way, "King Wen attacked Yuan State, and at the same time he won Wei state because he could keep his word."

King Wen considered that winning the trust of the people was the most important principle. Finally, he succeeded step by step by being honesty. Today, we use this idiom to describe the action to gain the trust of the people.

第十二篇

课文二 情同手足

练习

二、

近义词：莫逆之交；生死之交；刎颈之交

反义词：点头之交；一面之交；势不两立

Be Close like Brothers

Once upon a time, there were two good friends in Qi State, one named Guan Zhong and the other named Bao Shuya. They both studied and had fun together since childhood. Guan Zhong's family used to be rich. But because Guan Zhong's father died early, Guan Zhong and his mother depended on each other for survival and life was harder and harder. Bao Shuya was Guan Zhong's fellow townsman. He was two years older than Guan Zhong. His family was comparatively rich.

When they grew up, they invested in business together. Because Guan Zhong had no money, so almost all the cost was taken out by Bao Shuya. But after making money, Guan Zhong got more money than Bao Shuya, Bao Shuya's servant was dissatisfied and said, "Guan Zhong's cost was less than our master, but the money he got was more than our master. It's unfair." Bao Shuya said to his servant, "Don't say that! Guan Zhong's family is poor, and he has to take care of his mother. It doesn't matter."

Guan Zhong and Bao Shuya joined wars together. Guan Zhong always hid behind the others. Everyone laughed at Guan Zhong because he was afraid of death. Bao Shuya immediately said, "Don't misunderstand Guan Zhong. He is not afraid of death. He wants to keep his life to take care of his old mother at home." After hearing these words, Guan Zhong said, "My parents are my parents, but the one who knows me best is Bao Shuya."

Later, the king of Qi State died, and the elder prince Zhu became the king, who always enjoyed himself with feasting and entertainment. Bao Shuya predicted that the state would have a civil strife, so he took Prince Xiaobai to Ju State while Guan Zhong took Prince Jiu to Lu State. Soon after, Zhu was killed, and the civil strife occurred. Guan Zhong decided to kill Xiaobai in order to make Jiu to be the king. Unfortunately, Guan Zhong missed the target, so Xiaobai did not die.

After that, Bao Shuya and Xiaobai went back to Qi State, and Xiaobai succeeded to become the king of Qi State. Xiaobai decided to make Bao Shuya prime minister, but Bao Shuya said to Xiaobai, "Guan Zhong is better than me in all aspects. You should invite him to be prime minister." Xiaobai said, "Guan Zhong once wanted to kill me. He is my enemy. How could you ask me to invite him to be my prime minister?" Bao Shuya answered, "We can't blame him for this. He did it just to help his master." Xiaobai listened to Bao Shuya's words and decided to ask Guan Zhong to come back to be the prime minister. Guan Zhong really helped Xiaobai to manage the country very well.

Guan Zhong and Bao Shuya were like brothers. Since then, people have used "Be Close like Brothers" to describe deep friendship between friends.

课文二 四海之内皆兄弟
All the People of the World Are Brothers

Confucius had a disciple named Sima Niu. His brother, Sima Huankui, once wanted to stage a rebellion in Song State with his brothers, but Sima Niu was not willing to do bad things with his brother, and he thought it was so ashamed that he had stopped his brother. Finally, his brother fled to other countries after the rebellion was exposed.

Sima Niu once asked Confucius how to be a gentleman. Confucius told him, "A gentleman is not worried and not afraid." Sima Niu did not understand the meaning of this sentence, so he asked again, "Are you a gentleman if you are not worried or afraid?" Confucius said, "A gentleman often reflects on himself, so there is no guilt in his heart. What else can he worry about and be afraid of?"

Sima Niu went out and saw his senior fellow apprentice Zixia. He was worried. He said, "You all have brothers. How happy you are! But I have no brothers." Zixia listened and laughed, he comforted Sima Niu and said, "I have heard that a man's life and death is the arrangement of fate, the richness of a man is arranged by heaven. A gentleman is careful and earnest in his work without making mistakes. He treat people with respect and pay attention to etiquette. Well, all the people of the world are brothers. Why should a gentleman worry about having no brothers?"

Now people use this idiom to describe all the people of the world are brothers.

附 录 生词表

词语	拼音	篇	课	词语	拼音	篇	课
	A			辩论	biànlùn	5	1
爱戴	àidài	3	2	兵器	bīngqì	1	1
安居乐业	ānjū-lèyè	1	1	波涛汹涌	bōtāo-xiōngyǒng	4	1
安定	āndìng	1	2	博闻广见	bówén-guǎngjiàn	4	2
安宁	ānníng	3	2	不负众望	búfù-zhòngwàng	6	1
安慰	ānwèi	12	2	不假思索	bùjiǎ-sīsuǒ	5	2
	B			不贪为宝	bùtānwéibǎo	3	2
百花齐放	bǎihuā-qífàng	5	1	不知不觉	bùzhī-bùjué	9	1
百家争鸣	bǎijiā-zhēngmíng	5	1		C		
拜访	bàifǎng	10	2	才华	cáihuá	10	2
败露	bàilù	12	2	采纳	cǎinà	6	1
报答	bàodá	8	2	财物	cáiwù	3	2
包围	bāowéi	8	2	残酷	cánkù	8	1
保卫	bǎowèi	3	1	策划	cèhuà	10	2
宝物	bǎowù	3	2	朝廷	cháotíng	6	1
悲痛	bēitòng	7	2	撤离	chèlí	11	2
本钱	běnqián	12	1	沉没	chénmò	4	1
毕恭毕敬	bìgōng-bìjìng	6	2	惩罚	chéngfá	1	2
比喻	bǐyù	5	2	诚恳	chéngkěn	7	1
辨别	biànbié	2	1	承受	chéngshòu	8	2
变法	biànfǎ	1	2	丞相	chéngxiàng	10	2
变革	biàngé	2	2	诚意	chéngyì	10	1

续表

词语	拼音	篇	课	词语	拼音	篇	课
承载	chéngzǎi	2	2	调转	diàozhuǎn	3	1
宠爱	chǒng'ài	4	2	对岸	duìàn	4	1
出兵	chūbīng	10	2		E		
处罚	chǔfá	7	2	恩情	ēnqíng	8	2
出力	chūlì	1	2	恩人	ēnrén	8	2
传授	chuánshòu	6	2		F		
创始人	chuàngshǐrén	5	1	法官	fǎguān	7	1
淳朴	chúnpǔ	1	2	发挥	fāhuī	7	1
刺	cì	9	2	反击	fǎnjī	4	1
粗茶淡饭	cūchá-dànfàn	6	1	反省	fǎnxǐng	2	2
醋墨	cùmò	9	2	犯罪	fànzuì	6	1
	D			废除	fèichú	6	1
打抱不平	dǎbào-bùpíng	9	1	分庭抗礼	fēntíng-kànglǐ	6	2
大道	dàdào	6	2	封锁	fēngsuǒ	8	1
大公无私	dàgōng-wúsī	7	1	风气	fēngqì	1	2
大雁	dàyàn	9	2	奋起	fènqǐ	9	1
打仗	dǎzhàng	1	1	负荆请罪	fùjīng-qǐngzuì	3	1
戴罪立功	dàizuì-lìgōng	8	2	腐败	fǔbài	4	2
胆识	dǎnshí	3	1	服气	fúqì	3	1
挡	dǎng	10	1		G		
道不拾遗	dàobùshíyí	1	2	改革	gǎigé	1	2
盗贼	dàozéi	4	2	钢	gāng	9	2
德行	déxíng	6	1	刚强	gāngqiáng	9	2
钓	diào	5	2	高贵	gāoguì	6	1

续表

词语	拼音	篇	课	词语	拼音	篇	课
高尚	gāoshàng	3	1	昏庸	hūnyōng	8	1
高深	gāoshēn	6	2	回避	huíbì	3	1
功	gōng	8	2		J		
攻打	gōngdǎ	3	1	纪律	jìlǜ	1	2
供奉	gòngfèng	5	2	集团	jítuán	5	1
公鸡	gōngjī	9	1	记载	jìzǎi	2	2
恭敬	gōngjìng	12	2	集中	jízhōng	6	1
功劳	gōngláo	3	1	价值连城	jiàzhí-liánchéng	3	2
贡献	gòngxiàn	1	2	家境	jiājìng	7	2
管鲍之交	guǎnbàozhījiāo	12	1	剑	jiàn	9	1
广泛	guǎngfàn	2	1	坚持不懈	jiānchí-búxiè	10	1
官员	guānyuán	3	2	兼听则明	jiāntīngzémíng	2	1
官职	guānzhí	3	1	奸臣	jiānchén	8	1
贵族	guìzú	12	1	鉴定	jiàndìng	3	2
过	guò	8	2	间断	jiànduàn	9	1
果断	guǒduàn	7	1	坚决	jiānjué	3	2
国难当头	guónàn-dāngtóu	9	2	艰苦	jiānkǔ	9	1
	H			艰难	jiānnán	8	1
寒冬	hándōng	9	1	俭朴	jiǎnpǔ	7	2
豪华	háohuá	8	1	将军	jiāngjūn	3	1
核心	héxīn	5	1	奖励	jiǎnglì	1	2
糊涂	hútu	2	1	教导	jiàodǎo	6	2
患难	huànnàn	4	1	教化	jiàohuà	6	2
荒淫无道	huāngyín-wúdào	4	2	教训	jiàoxùn	2	2

续表

词语	拼音	篇	课	词语	拼音	篇	课
阶层	jiēcéng	5	1	理想	lǐxiǎng	1	1
阶段	jiēduàn	5	1	礼乐	lǐyuè	6	2
借鉴	jièjiàn	2	2	联合	liánhé	4	1
精忠报国	jīngzhōng-bàoguó	9	2	廉洁	liánjié	3	2
境界	jìngjiè	11	1	聆听	língtīng	6	2
进攻	jìngōng	12	1	流传	liúchuán	11	1
荆条	jīngtiáo	3	1	流派	liúpài	5	1
谨慎	jǐnshèn	12	2	履行	lǚxíng	11	1
救援	jiùyuán	4	1		M		
鞠躬尽瘁	jūgōng-jìncuì	10	2	矛盾	máodùn	1	1
局面	júmiàn	5	1	冒险	màoxiǎn	1	1
据说	jùshuō	1	1	庙堂	miàotáng	5	2
军事	jūnshì	4	1	灭亡	mièwáng	2	2
君主	jūnzhǔ	1	1	民不聊生	mínbùliáoshēng	4	2
君子	jūnzǐ	11	1	民风	mínfēng	1	2
	K			敏捷	mǐnjié	4	2
克己奉公	kèjǐ-fènggōng	7	2		N		
酷暑	kùshǔ	9	1	男耕女织	nángēng-nǚzhī	6	1
狂风	kuángfēng	4	1	内乱	nèiluàn	12	1
愧疚	kuìjiù	12	2	能说会道	néngshuō-huìdào	3	1
	L			能言善辩	néngyán-shànbiàn	3	1
烙	lào	4	2	奴隶	núlì	4	2
乐于助人	lèyúzhùrén	11	1		P		
理睬	lǐcǎi	4	1	排斥	páichì	7	1
礼节	lǐjié	12	2	佩服	pèifú	3	1

171

续表

词语	拼音	篇	课	词语	拼音	篇	课
偏	piān	12	1	全心全意	quánxīn-quányì	10	2
偏信则暗	piānxìnzéàn	2	1	全才	quáncái	9	1
拼搏	pīnbó	9	1		R		
平起平坐	píngqǐ-píngzuò	6	2	热烈	rèliè	8	1
破裂	pòliè	3	1	人心向背	rénxīn-xiàngbèi	2	2
普遍	pǔbiàn	1	2	仁义	rényì	6	2
仆人	púrén	7	2		S		
	Q			三顾茅庐	sāngù-máolú	10	2
气愤	qìfèn	8	2	山包	shānbāo	10	1
欺骗	qīpiàn	2	1	赏罚分明	shǎngfá-fēnmíng	8	2
期限	qīxiàn	11	2	伤天害理	shāngtiān-hàilǐ	9	2
起义	qǐyì	2	1	上朝	shàngcháo	3	1
齐心协力	qíxīn-xiélì	4	1	赏赐	shǎngcì	7	2
迁移	qiānyí	1	1	奢侈	shēchǐ	4	2
千载难逢	qiānzǎi-nánféng	11	2	神龟	shénguī	5	2
抢劫	qiǎngjié	9	2	神仙	shénxiān	10	1
抢救	qiǎngjiù	4	1	是非	shìfēi	2	1
情同手足	qíngtóngshǒuzú	12	1	誓师	shìshī	4	2
勤恳	qínkěn	6	1	誓言	shìyán	9	2
侵扰	qīnrǎo	8	2	收留	shōuliú	11	1
倾覆	qīngfù	2	2	守信	shǒuxìn	11	2
清官	qīngguān	3	1	率领	shuàilǐng	8	1
请教	qǐngjiào	6	2	衰落	shuāiluò	2	1
取信于民	qǔxìnyúmín	11	2	爽快	shuǎngkuai	9	1

续表

词语	拼音	篇	课	词语	拼音	篇	课
说情	shuōqíng	11	1	微薄	wēibó	9	1
思想家	sīxiǎngjiā	1	1	位次	wèicì	3	1
死刑	sǐxíng	7	2	威望	wēiwàng	3	2
	T			威信	wēixìn	7	2
塌	tā	8	2	闻鸡起舞	wénjī-qǐwǔ	9	1
贪生怕死	tānshēng-pàsǐ	12	1	文学家	wénxuéjiā	5	2
贪图	tāntú	3	2	无言以对	wúyányǐduì	10	1
讨伐	tǎofá	4	2	无能	wúnéng	8	1
逃难	táonàn	1	1		X		
听取	tīngqǔ	2	1	袭击	xíjī	4	1
庭院	tíngyuàn	6	2	吸取	xīqǔ	2	2
铜	tóng	2	1	习武	xíwǔ	9	1
同乡	tóngxiāng	12	1	下属	xiàshǔ	3	1
同心同德	tóngxīn-tóngdé	4	2	县令	xiànlìng	7	1
同舟共济	tóngzhōu-gòngjì	4	1	现状	xiànzhuàng	9	1
偷盗	tōudào	8	1	相敬如宾	xiāngjìng-rúbīn	6	1
投降	tóuxiáng	8	1	享乐	xiǎnglè	8	1
投资	tóuzī	12	1	相依为命	xiāngyī-wéimìng	12	1
徒弟	túdì	5	1	效率	xiàolǜ	7	1
推崇	tuīchóng	3	2	携带	xiédài	11	2
推行	tuīxíng	6	2	协助	xiézhù	10	2
拖	tuō	8	2	心甘情愿	xīngān-qíngyuàn	1	2
	W			信念	xìnniàn	4	2
王宫	wánggōng	8	1	刑罚	xíngfá	8	1

续表

词语	拼音	篇	课	词语	拼音	篇	课
行礼	xínglǐ	6	2	一诺千金	yīnuò-qiānjīn	11	1
兴起	xīngqǐ	2	1	义气	yìqi	9	1
形容	xíngróng	1	1	一五一十	yīwǔ-yīshí	9	2
兴盛	xīngshèng	2	2	引用	yǐnyòng	2	2
雄才伟略	xióngcái-wěilüè	8	2	佣工	yōnggōng	11	1
胸有成竹	xiōngyǒuchéngzhú	10	1	拥护	yōnghù	8	1
羞耻	xiūchǐ	12	2	涌现	yǒngxiàn	5	1
羞辱	xiūrǔ	3	1	有勇有谋	yǒuyǒng-yǒumóu	8	2
修身	xiūshēn	6	1	优哉游哉	yōuzāi-yóuzāi	5	2
修养	xiūyǎng	6	2	忧愁	yōuchóu	12	2
虚心	xūxīn	2	1	悠闲	yōuxián	5	2
宣布	xuānbù	8	1	预测	yùcè	12	1
学派	xuépài	5	1	渔夫	yúfū	6	2
学术文化	xuéshù-wénhuà	5	1	玉工	yùgōng	3	2
学问	xuéwen	9	1	宇宙	yǔzhòu	5	1
寻欢作乐	xúnhuān-zuòlè	4	2	愚公移山	yúgōng-yíshān	10	1
徇私	xùnsī	7	1	与日俱增	yǔrì-jùzēng	6	1
	Y			语重心长	yǔzhòng-xīncháng	11	2
严谨	yánjǐn	3	2	怨声载道	yuànshēng-zàidào	4	2
言行	yánxíng	7	2	渊博	yuānbó	5	2
摇晃	yáohuàng	4	1	约法三章	yuēfǎ-sānzhāng	8	1
一带	yídài	4	1	约束	yuēshù	7	2
疑惑	yíhuò	5	2		Z		
一面之词	yímiànzhīcí	2	1	载舟覆舟	zàizhōu-fùzhōu	2	2

续表

词语	拼音	篇	课	词语	拼音	篇	课
灾祸	zāihuò	6	2	治理	zhìlǐ	1	2
宰相	zǎixiàng	1	2	直爽	zhíshuǎng	11	1
斩钉截铁	zhǎndīng-jiétiě	9	2	执行	zhíxíng	7	2
战场	zhànchǎng	9	2	秩序	zhìxù	1	2
占领	zhànlǐng	11	2	众所周知	zhòngsuǒzhōuzhī	10	2
战袍	zhànpáo	3	1	忠信	zhōngxìn	6	2
招手	zhāoshǒu	6	2	诸侯	zhūhóu	2	2
哲学家	zhéxuéjiā	1	1	准则	zhǔnzé	5	1
针	zhēn	9	2	自律	zìlǜ	3	2
阵势	zhènshì	4	1	阻止	zǔzhǐ	2	2
真相	zhēnxiàng	7	2	足智多谋	zúzhì-duōmóu	10	2
政权	zhèngquán	10	2	尊称	zūnchēng	1	1
正直	zhèngzhí	3	1	作恶多端	zuòè-duōduān	4	2
争执	zhēngzhí	3	1	作乱	zuòluàn	12	2
郑重	zhèngzhòng	8	1	作为	zuòwéi	4	2
执法	zhífǎ	7	2	座右铭	zuòyòumíng	9	2
指挥	zhǐhuī	4	1